Hoi! Et après...

Manuel de survie en suisse allemand

Hoi! Et après…

Manuel de survie en suisse allemand

Titre de l'édition originale
Hoi – your Swiss German survival guide

Texte Nicole Egger et Sergio J. Lievano
Illustrations © 2005, 2011 et 2014 Sergio J. Lievano
Traduction Laurent Droz

Editeur
Bergli Books
Imprint of Schwabe AG

Tel.: +41 61 278 95 65
Fax: +41 61 278 98 12
info@bergli.ch
www.bergli.ch

ISBN 978-3-905252-16-3

Hoi! Et après...

Manuel de survie en suisse allemand

Texte

Nicole Egger & Sergio J. Lievano

Illustrations et mise en page

Sergio J. Lievano

Traduction

Laurent Droz

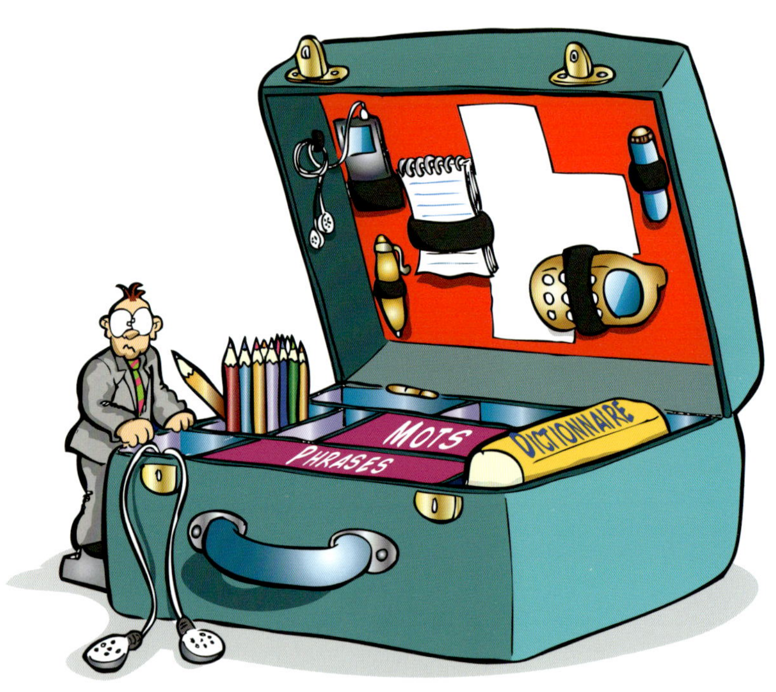
MOTS
PHRASES
DICTIONNAIRE

TABLE DES MATIÈRES

PRÉFACE

Maîtriser le suisse allemand est une nécessité pour toute personne voulant se sentir à l'aise en Suisse allemande. Pour les Romands (les habitants de la partie francophone de la Suisse), quelques bases, combinées à leurs notions d'allemand, peuvent faciliter grandement la communication, que ce ce soit lors d'un séjour prolongé, d'un contact professionnel ou d'une simple visite. Ce manuel fournit les bases nécessaires pour des débutants, mais il pourra aussi aider tous ceux qui pratiquent le dialecte plus ou moins intuitivement depuis un certain temps.

En premier lieu, il importe de dissiper une erreur largement répandue. L'allemand parlé par les Alémaniques lorsqu'ils voyagent en Allemagne ou en Autriche ou lorsqu'ils parlent à un étranger ou à un Romand, n'est pas le suisse allemand, mais bien le 'bon

allemand'*, certes fortement teinté d'helvétismes. L'allemand est enseigné à l'école et constitue une des quatre langues nationales, aux côtés du français, de l'italien et du rhéto-romanche.

Le suisse allemand, qu'on appelle aussi le dialecte, est la langue parlée par les Suisses entre eux; elle est presque incompréhensible pour la plupart des Allemands, notamment ceux du Nord. Il ne s'agit pas d'une langue standardisée, mais d'une multitude de dialectes allemands, parlés dans la partie alémanique de la Suisse. Ces dialectes sont très différents les uns des autres par le vocabulaire, l'intonation et la prononciation. Ces différences, linguistiquement très fortes malgré une étendue géographique réduite, s'expliquent par le fait que de nombreux petits villages étaient isolés les uns des autres. L'échange linguistique s'en est trouvé fortement limité, permettant l'apparition de nombreuses particularités du vocabulaire. De plus, le suisse allemand n'a toujours été qu'une langue parlée. Aujourd'hui, la plupart des gens ne connaissent pas son orthographe et utilisent des systèmes de transcription différents les uns des autres, la plupart se rapprochant d'une simple transcription phonétique. Ce manuel est basé sur le dialecte parlé dans la région de Zurich, qui constitue le bassin linguistique le plus large comparé aux dialectes autour de Berne, Bâle, Lucerne ou de la Suisse orientale. Malgré les différences dialectales importantes entre les régions, les Suisses allemands se comprennent les uns les autres. Ce livre devrait vous permettre d'appréhender aussi d'autres dialectes, tout au moins de vous faire comprendre, puis avec l'habitude de repérer les différences dans la prononciation ou le vocabulaire.

Même si le suisse allemand n'est pas une langue officielle, il n'est ni standardisé ni utilisé dans des documents officiels, les Alémaniques de tous les niveaux socio-culturels sont très fiers de leur langue. Elle constitue un élément important de leur sentiment d'identité nationale.

* L'expression 'bon allemand' date d'une époque où l'on estimait que le dialecte n'était pas une 'vraie' ou une 'bonne' langue. Dorénavant, nous utiliserons simplement le terme 'allemand' pour ne pas contribuer à maintenir un tel préjugé.

PREMIÈRE PARTIE

A PROPOS DU SUISSE ALLEMAND

Introduction au suisse allemand

En Suisse alémanique, il n'existe aucun dialecte qui soit préféré aux autres ou ressenti comme meilleur que les autres. Parler le dialecte n'est pas stigmatisé et n'est pas considéré comme un manque de culture ou d'éducation, bien au contraire. Un Suisse allemand identifie facilement l'origine de son interlocuteur grâce au dialecte qu'il parle, parfois de manière très précise (au village ou au quartier près). Pour les Alémaniques, la langue n'est donc pas seulement un moyen de communication, elle constitue un élément important de leur identité nationale, régionale et même personnelle.

Une expression dit qu'en Suisse chaque vallée parle son propre dialecte et ce n'est pas tout faux.
Les montagnes, et les barrières géographiques en général, favorisèrent l'isolation des différents dialectes et renforcèrent leurs particularismes. Dans les régions de plaine, moins isolées, les dialectes se mélangèrent davantage et les curiosités du vocabulaire y sont moins présentes aujourd'hui.

Dialäktgmisch

La mobilité croissante de la population au cours des cinquante dernières années renforça ce phénomène de mélange et conduisit à l'émergence d'un ***'Dialäktgmisch'***, un mélange des différents dialectes, et à l'affaiblissement des particularités des différents dialectes.

L'HISTOIRE DES DIALECTES

Même si la Suisse est aujourd'hui un pays multilingue, cela n'a pas toujours été le cas. Lors du pacte de 1291, ses fondateurs parlaient ***l'alémanique***, appartenant au groupe des langues du haut allemand, parlé dans le sud de l'Allemagne, en Autriche et justement en Suisse allemande.

Les Alamans (ou Alémanes), constitués de diverses tribus, s'installèrent en Suisse après la chute de l'Empire romain, vers le Ve siècle de notre ère. Ils peuplèrent principalement les rives du Rhin et les régions de Suisse centrale et du nord-est. L'alémanique se scinda en trois sous-groupes linguistiques: ***le bas-, le haut-alémanique et l'alémanique supérieur.*** Ces dénominations sont purement géographiques, elles n'impliquent aucun jugement de valeur. Le bas-alémanique désigne le dialecte parlé dans la région de Bâle (et de l'Alsace et de la Forêt-Noire allemande), le haut-alémanique est le dialecte le plus répandu en Suisse, notamment dans les plaines, tandis que l'alémanique supérieur désigne celui parlé dans le Haut-Valais, géographiquement distinct du reste de la Suisse allemande.

Au début du XXe siècle, les linguistes étaient convaincus que le Suisse allemand aurait disparu à la fin du siècle et que l'allemand standardisé de l'Allemagne se serait imposé en Suisse.

Les événements politiques brutaux de la première moitié du XXe siècle et la montée des nationalismes en décidèrent autrement, de sorte que les Suisses allemands gardèrent leur dialecte comme signe de leur identité nationale. Pendant les années trente, ils tenaient à se distancer de l'Allemagne nationale-socialiste et le suisse allemand leur permettait d'exprimer une forme de patriotisme helvétique.

L'importante immigration de l'après-guerre obligea une nouvelle fois les Alémaniques à se confronter à leur identité, de sorte que le dialecte se trouva une nouvelle fois renforcé. Aujourd'hui, cette tendance perdure, y compris chez les jeunes qui aiment écouter des groupes de rock et de rap suisses et rédigent la plupart de leurs e-mails et sms (textos) en dialecte.

Divers organes tentèrent de donner une forme standardisée au suisse allemand écrit. Des règles furent fixées, mais les Alémaniques tenaient trop à la diversité de leurs dialectes pour se mettre d'accord sur d'un dialecte écrit standardisé. Par conséquent, seule une minorité connaît et respecte les règles orthographiques établies. Nous y avons également renoncé dans le présent manuel. Cette diversité n'a en rien nui à la grande popularité du suisse allemand au moment même où pour la première fois de son histoire il s'écrit fréquemment, grâce aux technologies modernes qui tendent elles aussi à une écriture phonétique.

La langue secrète des Helvètes

Même s'il n'existe pas de preuves formelles, on affirme que le suisse allemand fut utilisé par des personnes et des institutions comme code secret pour des affaires d'Etat à différentes périodes historiques. Le mot de passe proverbial de l'armée suisse, ***Chuchichäschtli*** (petite armoire de cuisine, voir plus bas) destiné à repérer des espions et qui aurait causé bien des déboires à des Romands ou des Tessinois (les habitants de la partie italophone), n'en est qu'un exemple.

L'UTILISATION DE L'ALLEMAND EN SUISSE

La situation linguistique de la Suisse alémanique est appelée ***diglossie***. Ce terme désigne la coexistence de deux langues dans une société, dans laquelle elles jouent des rôles différents tout en se complétant.

Ainsi, en Suisse allemande, le dialecte correspond à la langue parlée tandis que l'allemand (appelé ***Schriftdeutsch*** ou Hochdeutsch) est utilisé pour l'écrit et sert de langue officielle. Ce dernier est utilisé presque exclusivement par les médias, à l'école et lors d'événements officiels, sociaux, politiques et religieux, notamment en présence de Romands ou de Tessinois.

Le suisse allemand est utilisé comme langue de tous les jours, notamment dans des contextes informels ou quotidiens (achats, discussions avec des amis). Il est également utilisé dans les émissions des radios et télévisions locales ou régionales, les événements locaux et à l'école enfantine.

La différence entre le suisse allemand et l'allemand

La principale caractéristique du suisse allemand est la prononciation gutturale des ***ch*** (pensez au jota espagnol ou au 'loch' écossais), bien illustrée par le fameux ***Chuchichäschtli,*** et des ***k*** (pensez à un khr du fond de la gorge), comme dans ***Kafi*** ou ***Kurtli***. Une autre différence phonétique importante est l'intonation: en suisse allemand on accentue en général la première syllabe d'un mot et le flux de la parole est plus mélodique qu'en allemand.

Les Suisses allemands ont également une grande affection pour les diminutifs: ils accrochent le suffixe ***–li*** (correspondant au –lein ou –chen allemand, signifiant 'petit') à tous les mots possibles et imaginables: ***Gipfeli*** (croissant), ***Brötli*** (petit pain), ***Schäzzli*** (petit trésor), ***Chäzzli*** (petit chat), etc.

Le suisse allemand intègre facilement des mots d'origine étrangère. Cette tendance s'explique d'une part par la situation géographique et linguistique du pays – un tout petit pays parlant plusieurs langues – mais aussi par l'oralité de la langue. Par sa proximité géographique et culturelle avec la France et la Suisse romande, les mots français sont très nombreux (et ne correspondent pas à leur équivalent en allemand):

Suisse allemand	**Français**	**Allemand**
Merci (Märsi)	merci	Danke
s Velo (Welo)	le vélo	das Fahrrad
dä Coiffeur (Guafför)	le coiffeur	der Frisör
s Poulet (Pule)	le poulet	das Hähnchen
s Cheminée (Schmine)	la cheminée	der Kamin
s Spital (Schpital)	l'hôpital	das Krankenhaus
dä Kondukteur (Kondiktör)	le contrôleur (du train)	der Schaffner
s Lavabo (Lawabo)	le lavabo	das Waschbecken
dä Dessert (Dessär)	le dessert	der Nachtisch
d' Saison (Säson)	la saison	die Jahreszeit

Les quatre cas de l'allemand (nominatif, accusatif, génitif et datif) sont réduits à deux en suisse allemand. Le premier est le cas commun, combinant le nominatif et l'accusatif. La seule exception est constituée par les pronoms personnels où les deux cas subsistent (voir la quatrième partie du manuel). Le deuxième étant le datif, qui combine de fait le datif et le génitif. Ainsi, on dira ***Wär häsch gsee?*** (qui as-tu vu? en allemand ce serait 'Wen hast Du gesehen?') et ***Wär isch da?*** (qui est là? en allemand 'Wer ist da?'), le pronom interrogatif étant le même dans les deux cas. Pour le génitif, on utilise volontiers une paraphrase: ***Am Chind sis Velo*** (le vélo de l'enfant, littéralement 'à l'enfant son vélo', en allemand 'das Fahrrad des Kindes').

Une autre différence importante est la construction des phrases relatives, en général construites avec un wo (où) en suisse allemand. On dira donc: ***Dä Ma, wo ich känn***, l'homme que je connais, mais en traduction littérale 'l'homme où je connais', en allemand on dirait 'der Mann, den ich kenne'.

Il circule un certain nombre de préjugés à propos du dialecte. Ainsi, on entend souvent qu'il n'y a ni grammaire, ni temps verbaux, ni articles en suisse allemand. Une telle affirmation est complètement fausse. Certes, il n'y a pas de vrai futur, pas de passé simple ni de plus-que-parfait. Mais les autres temps existent bel et bien, de même que les genres (et les articles qui vont avec). Par exemple, ***dä Maa*** (l'homme), ***d'Frau*** (la femme), ***s'Chind*** (l'enfant, genre neutre, en allemand das Kind). De manière générale, le genre correspond à celui de l'allemand, même s'il existe quelques exceptions comme par exemple ***s'Joghurt*** (der Joghurt), ***dä Fax*** (das Fax), ***s'Mail*** (die E-Mail).

Pour résumer, les principales différences entre l'allemand et le suisse allemand sont le vocabulaire et la prononciation. Les Suisses ont un vocabulaire propre, qui transparaît souvent lorsqu'ils parlent l'allemand, mais qui est bien plus marqué lorsqu'ils utilisent le dialecte. Une bonne partie de ce vocabulaire provient d'emprunts à d'autres langues, comme le français et l'anglais, dont la prononciation est conservée (et dont la transcription se fait par le biais d'une phonétique spécifiquement suisse allemande, voir la troisième partie de ce manuel).

LA CONSTRUCTION DES PHRASES EN ALLEMAND

HEY, DEIN SCHÖNES FAHRRAD, DU WEISST SCHON, DAS ROTE, DAS MIT DEN 10 GÄNGEN...

5 minuten...

....MIT DEM DU JEDEN MORGEN ZUR SCHULE GEKOMMEN BIST...

10 minuten...

... AUSSER SAMSTAGS UND SONNTAGS NATÜRLICH, WENN DIE SCHULE GESCHLOSSEN BLEIBT...

20 minuten!

... IST GERADE GESTOHLEN WORDEN!

Traduction: quelqu'un vient de voler ton vélo!

L'UTILISATION DU SUISSE ALLEMAND

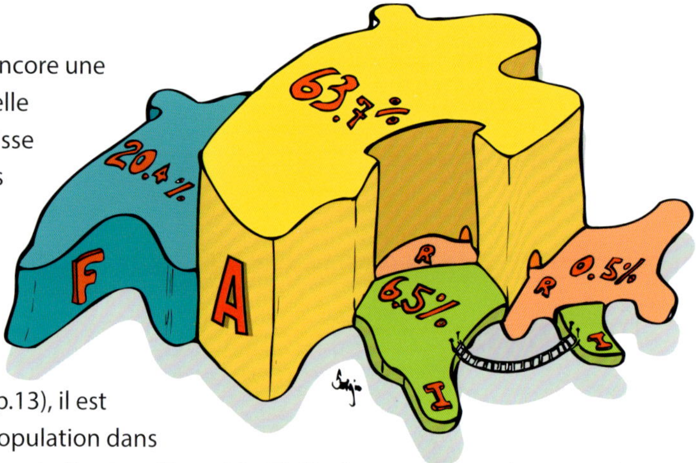

L'allemand (rappelons encore une fois que la langue officielle est l'allemand, pas le suisse allemand, même si nous parlons ici du suisse allemand) constitue la langue la plus usitée en Suisse et de loin. Selon l'Office fédéral de la statistique (voir note p.13), il est utilisé par 63.7% de la population dans la vie quotidienne, le français étant parlé par 20.4%, l'italien par 6.5% et le romanche par 0.5%. Le romanche (ou le rhéto-romanche) est une langue romane, descendant du latin, comme le français et l'italien, constitué de quatre dialectes principaux. Il est reconnu comme langue nationale depuis 1938. Il est parlé dans les Grisons, tout à l'est de la Suisse, mais la plupart des Romanches sont parfaitement bilingues avec le suisse allemand.

Les différences entre les langues et les cultures, de même que la répartition inégale entre elles, donnent lieu depuis longtemps à des discussions animées, parfois passionnées. La barrière de rösti (***Röschtigraben***, fossé de rösti) désigne la frontière linguistique et idéologique entre l'allemand et le français. En général, cette frontière n'est pas ressentie comme inamicale, mais comme reflétant simplement des conceptions politiques, sociales et culturelles différentes.

La Confédération helvétique et les Suisses dans leur grande majorité attachent beaucoup d'importance à un équilibre entre les langues latines et germanique. Le fédéralisme du système politique suisse contribue pour beaucoup au respect et à la tolérance dont la population fait preuve.

Le tableau de droite montre que même les Alémaniques sont confrontés à un environnement multi-linguistique. En plus des quatre langues nationales, la langue

maternelle des immigrants, représentant un cinquième de la population suisse, joue un rôle important. Beaucoup d'enfants de la deuxième génération, nés en Suisse (appellés 'Secondos' en dialecte) affirment ne se sentir ni vraiment citoyens du pays de leurs parents ni véritablement Suisses.

Les autres langues de la Suisse*:

Serbo-croate	1.4 %
Albanais	1.3 %
Portugais	1.2 %
Espagnol	1.1 %
Anglais	1.0 %
Turc	0.6 %
Autres langues	2.4 %

* Source: communiqué de presse no 0351-0213-10 de l'Office fédéral de la statistique, 19 décembre 2002.

Les Secondos – la deuxième génération – forment le lien permettant la communication entre les membres plus âgés de la famille et les Suisses. Ils contribuent aussi de manière importante à l'évolution et à la richesse du suisse allemand, que ce soit par la construction des phrases ou le vocabulaire.

Les jeunes Alémaniques sont fortement influencés par les musiques et les modes de l'étranger, par les voyages et les médias, de sorte qu'ils enrichissent continuellement leur propre langue par des emprunts. Ce phénomène est encore renforcé par le fait qu'ils cherchent, comme partout ailleurs, à se distancer de leurs parents par la création d'un moyen de communication propre, une langue fortement marquée par l'argot et la provocation.

POURQUOI LES SUISSES ALLEMANDS N'AIMENT PAS PARLER L'ALLEMAND

Beaucoup d'étrangers et de Romands se plaignent du fait que lorsqu'ils font l'effort de s'exprimer en allemand, les Alémaniques leur répondent peu volontiers dans la même langue. Ce phénomène n'est pas dû à un rejet de la personne à laquelle ils répondent, mais bien au fait qu'ils ne parlent pas volontiers l'allemand. Les raisons sont diverses, on peut en distinguer trois principales.

Premièrement, l'allemand est une langue étrangère pour eux. Bien qu'il s'agisse de la langue nationale, le moyen de communication de base est le dialecte. L'allemand est la langue de l'école et des obligations, elle n'est donc que rarement associée au plaisir et aux loisirs. Ce phénomène est encore renforcé par le fait que l'allemand est une langue étrangère pour les enseignants, notamment dans l'école primaire, et qu'ils parlent donc aussi un 'bon allemand helvétique'. Une des conséquences est que les Suisses allemands sont souvent peu sûr de leur allemand. Ils croient qu'ils commettent des fautes et des maladresses.

La deuxième raison est le ressentiment historique face à l'Allemagne – un phénomène particulièrement marqué pour les générations ayant vécu la guerre. Selon toute probabilité, il ne s'agit pourtant pas là de la raison principale de cette réticence à parler l'allemand.

La troisième raison est une forme d'infériorité, ou du moins d'un sentiment d'infériorité, non seulement linguistique mais aussi géographique et économique face au grand voisin qu'est l'Allemagne.

Cette réticence est particulièrement marquée lorsque les Suisses allemands sont en compagnie d'autres Alémaniques. Ils ressentent une telle situation comme artificielle et se sentent peu sûr d'eux, ayant peur de se ridiculiser devant un compatriote.

Deuxième partie

Équipement de base

LES CONSONNES

SOYEZ ATTENTIFS! Le Suisse allemand est essentiellement une langue parlée. Pour cette raison, nous avons décidé de garder une orthographe très simple, au plus proche de la prononciation phonétique. Ainsi, nous avons simplifié les principes orthographiques habituels en allemand: par ex., nous n'utilisons pas le ***tz***, remplacé par ***zz***, ni le ***ck***, remplacé par ***kk***, au lieu de ie(h) on a ***ii***, au lieu de ***ah*** on a ***aa***, etc.

CONSEIL lisez toujours les mots et les phrases à voix haute. Les Alémaniques le font aussi, car même pour eux le suisse allemand écrit est inhabituel.

Les consonnes

b b comme dans *bleu*
ch comme le *loch* prononcé à l'écossaise (ou le ch hollandais et le jota espagnol)
d d comme dans *Daniel*
dt t comme dans *toute* (ne se trouve jamais au début d'un mot)
f comme dans *force*
g comme dans *gamme*
gg comme dans *Jacques*
h h aspiré comme dans *hop*
j ia comme dans *dia*
k khr prononcé comme un raclement de gorge très guttural
l l comme dans *lion*
m m comme dans *Michel*
n n comme dans *Nadine*
ng comme dans *vigne*
nk ng + khr très guttural
p p comme dans *pizza*
qu comme dans *quad*
r r roulé, comme en espagnol 'Burrito'
s s comme dans *serpent*
sch ch comme dans *chat*
t t comme dans *tu*
v presque un f à la prononciation
w v comme dans *vague*
x x comme dans *xylophone*
z se prononce tz

Les consonnes doubles sont toujours précédées d'une voyelle courte

LES VOYELLES

Les voyelles

a	a comme dans *amour*
ä	ai comme dans *ait*
ai	ai comme dans *paille*
au	aou comme dans *maousse*
e	é comme dans *hélicoptère*
ei	ei comme en anglais *'hey'*
i	i comme dans *brioche*
o	o comme dans *oreille*
ö	oe comme dans *peu*
u	ou comme dans *doux*
ü	comme dans *tu*
y	comme dans *tu* (ou presque!)

Une double voyelle indique une voyelle longue

La phonétique suisse allemande est particulièrement complexe. Vous ne trouverez ici qu'un aperçu qui vous permettra d'identifier les sons les plus fréquents. La prononciation varie beaucoup, notamment suivant les régions et les milieux sociaux. ***Hoi ! Et après*** est basé sur un zurichois standard.

La prononciation des mots étrangers est donnée entre parenthèse. Les Suisses allemands aiment bien intégrer les mots anglais et français à la prononciation suisse allemande, ce qui provoquer quelques surprises!

* LÄDÄLÄ : faire du shopping

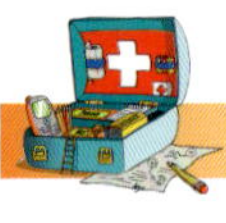

PREMIERS PAS

Formel et informel

Comme en français ou en allemand, le dialecte zurichois différencie entre le tu ***(du)*** informel et le vous ***(Sii)*** formel

Salutations (formelles)

Bonjour M./Mme… (le matin)	Guätä Morgä Herr / Frau...
Bonjour (toute la journée)	Guätä Tag
Bonjour (l'après-midi)	Guätä Namittag
Bonsoir	Guätä n'Aabig
Bonjour	Grüezi
Bonjour tout le monde	Grüezi (mitenand)
Comment allez-vous?	Wiä gat's Inä?
Bien, et vous-même?	Guät, und Inä?
Très heureux/enchanté.	Froit mich, Sii kännä z'lärnä.
Au revoir.	Uf widerluägä Uf widersee Adieu (Adjö)

Formel (Sii)

Les Suisses allemands proposent le tu assez facilement. En général, c'est la personne plus âgée ou hiérarchiquement supérieure qui propose le tu: ***Sii chönd Du zu mir sägä*** (on peut se tutoyer) ou ***Wämmär Duzis machä*** (on se tutoie?)?

Soyez attentifs! Les articles (qui correspondent en général mais pas toujours à l'article en bon allemand) sont abrégés de la manière suivante: (m) masculin, (f) féminin, (n) neutre et (pl) pluriel. Les articles prononcés sont ***d'*** (la, féminin), ***dä*** (le, masculin) et ***s'*** pour le neutre.

Les salutations (informelles)

Salut	Hoi / Sali / Salü
Salut tout le monde	Hoi zäme
Comment vas-tu? Comment va?	Wiä gat's? Wiä häsch äs?
Bien, et toi?	Guät, und dir?
Ça va	Scho rächt
Je ne vais pas très bien.	Mir gat's nöd so guät.
Salut / Bye	Ciao (tschau)
A bientôt	Mer gseet sich!
Content de te rencontrer.	Froit mich, (di kännä z'lärnä).
A plus (tard)	Bis schpöter
Bonne journée / soirée!	No än schönä Tag / Aabig!

Attention!

Contrairement à l'allemand ou au français, il est inhabituel de saluer un groupe de personnes en disant ***hallo*** ou ***hoi,*** cela serait considéré comme impoli. On dira ***hoi zäme*** (salut tout le monde) pour une salutation informelle et ***Grüezi mitenand*** (bonjour tout le monde) pour une salutation formelle.

COMPRENDRE LA LANGUE

CONSEIL Les Suisses allemands utilisent très souvent les verbes modaux (***chönna*** – pouvoir/être capable, ***würdä*** – pouvoir/bien vouloir), qu'ils considèrent comme une marque de politesse normale. Ils considèrent des formes plus directes, comme ce qui s'utilise en allemand, comme impolies.

Expressions de base

Pourriez-vous parler le bon allemand (avec moi)?	Chönnted Sii bitte Schriftdütsch (mit mir) redä?
Pourrais-tu parler le bon allemand?	Chönntisch bitte Schriftdütsch redä?
Parlez-vous (l'anglais / le français)?	Chönd Sii (Änglisch / Französisch)?
Parles-tu (l'anglais / le français)?	Chasch (Änglisch / Französisch)?
Pardon, mais je ne vous comprends pas.	Sorry, ich verschtaa Sii nöd.
Pardon, mais je ne te comprends pas.	Sorry, ich verschtaa di nöd.
Qu'avez-vous dit?	Was händ Sii gsait?
Qu'as-tu dit?	Was häsch gsait?
Pouvez-vous répéter ce que vous avez dit?	Chönd Sii bitte widerholä, was Sii gsait händ?
Peux-tu répéter ce que tu as dit?	Chasch nomal sägä, was gsait häsch?
Pouvez-vous me répéter cela lentement?	Chönd Sii das nomal langsam sägä?
Peux-tu me répéter cela lentement?	Chasch das nomal langsam sägä?
Je ne parle / comprends pas le suisse allemand.	Ich cha / verschtaa kai Schwiizerdütsch.

Les formules de politesse

Comme dans beaucoup de pays, la politesse est une clé essentielle pour une bonne communication et une compréhension mutuelle. Vous trouverez ci-dessous les expressions les plus importantes pour bien vous comporter.

S'il vous/te plaît.	Bitte
Merci	Danke / Merci (märsi)
Merci beaucoup	Danke villmal
Excusez-moi	Entschuldigung / Exgüse
Puis-je?	Chönt ich? / Chönti?
	Törf ich? / Törfi?
Oui, volontiers	Ja, bitte
Non merci	Nai, danke
Je suis désolé.	(Äs) tuät mir Laid.
Je vous en prie / de rien	Bitte, gärn gschee
Vous êtes très gentil.	Sii sind seer nätt.
Tu es très gentil.	Du bisch seer nätt.
Vous êtes très serviable.	Sii sind seer hilfsberait.
Tu es très serviable.	Du bisch seer hilfsberait.
Pourriez-vous … s'il vous plaît?	Chönted Sii bitte…?
Pourrais-tu … s'il te plaît?	Chöntisch bitte…?

QUESTIONS

Il existe deux types de questions:

1. les questions ouvertes: les questions dont le nombre de réponses est illimité. Ce type de question commence par un mot interrogatif, suivi par le verbe: ***Wo woonsch?*** (où habites-tu?) ou ***Was isch dini Lieblingsmusig?*** (quelle est ta musique préférée?).

2. Les questions fermées, dont les réponses sont limitées à oui ou non, commencent par le verbe, suivi du sujet: ***Chasch du Dütsch?*** (parles-tu l'allemand?) ou ***Schaffsch du in Züri?*** (travailles-tu à Zurich?)

Quand?
Wänn?

Pourquoi?
Warum?

Quoi?
Was?

Comment?
Wiä?

Où (avec un déplacement vers)?
Wohi? / Woannä?

Combien de temps?
Wiä lang?

Où?
Wo?

Qui?
Wär?

D'où?
Vo wo?

Combien?
Wiä vill?

Avec qui?
Mit wäm?

Pourquoi? Dans quel but?
Warum? Für was?

BAVARDAGES

Se présenter

Quel est votre nom?	Wiä isch Irä Namä?
Comment vous appelez-vous?	Wiä haissed Sii?
Quel est ton nom?	Wiä isch din Namä?
Comment tu t'appelles?	Wiä haissisch?
Je m'appelle …	Ich haissä...
D'où venez-vous?	Wohär chömed Sii?
D'où viens-tu?	Wohär chunnsch du?
Je viens de …	Ich chumä us...
Où vivez-vous?	Wo woned Sii?
Où vis-tu?	Wo wonsch?
J'habite à …	Ich wonä in...
Depuis combien de temps êtes-vous ici?	Wiä lang sind Sii scho da?
Depuis combien de temps es-tu ici?	Wiä lang bisch scho da?
J'habite ici depuis … ans.	Ich bi scho…Jaar da.
Que faites-vous pendant vos loisirs?	Was mached Sii i Irerä Freiziit?
Que fais-tu pendant tes loisirs?	Was machsch i dinerä Freiziit?
J'aime …	Ich ha... gärn
Je m'intéresse à …	Ich interessierä mich für...
J'aime beaucoup / j'adore …	Ich liäbä...

Le Suisse allemand permet l'omission du pronom s'il est à la première ou à la deuxième personne du singulier (langue dite 'pro-drop'). On peut ainsi dire: ***ich chumä*** ou simplement ***chumä*** (je viens), la deuxième forme relevant du langage parlé.

Les questions personnelles

Êtes-vous marié(e)?	Sind Sii ghüratä?
	Sind Sii verhüratet?
Es-tu marié(e)?	Bisch ghüratä?
	Bisch verhüratet?
Êtes-vous célibataire / libre?	Sind Sii single?
Es-tu célibataire / libre?	Bisch single?
Avez-vous un copain / une copine?	Händ Sii än Fründ / ä Fründin?
As-tu un copain / une copine?	Häsch än Fründ / ä Fründin?
Avez-vous des enfants?	Händ Sii Chind?
As-tu des enfants?	Häsch Chind?
Comment va votre famille?	Wiä gat's Irerä Familiä?
Comment va ta famille?	Wiä gat's dinerä Familiä?
Quel est votre numéro de téléphone?	Wiä isch Iri Telefonnummerä?
Quel est ton numéro de téléphone?	Wiä isch dini Telefonnummerä?
Mon numéro est le ...	Mini Nummerä isch...
Je n'ai pas d'adresse e-mail.	Ich ha kai E-Mailadrässä.
Quelle est votre adresse?	Wiä isch Iri Adrässä?
Quelle est ton adresse?	Wiä isch dini Adrässä?
A quelle rue?	A wellärä Schtrass?

Les premiers pas

Voulez-vous aller boire un verre?	Wänd Sii ais go ziä? Wänd Sii öppis go trinkä?
Veux-tu aller boire un verre?	Wotsch ais go ziä? Wotsch öppis go trinkä?
Puis-je vous inviter pour un verre?	Chann ich Inä än Drink schpendierä? Chann ich dir än Drink schpendierä?
Vous venez? Tu viens?	Chömed Sii? / Chunnsch?
Allons quelque part.	Gömmer noimät anä.
Est-ce qu'on se connaît? On se connaît?	Känn ich Sii vo noimät? Känn ich di vo noimät? Känned mir ois?
Voulez-vous danser?	Wänd Sii tanzä?
Veux-tu danser?	Wotsch tanzä?
Avez-vous une cigarette?	Händ Sii ä Zigarettä?
As-tu une cigarette?	Häsch ä Zigi?

Réponses négatives

Non, je ne fume pas.	Nai, ich rauchä nöd.
Je dois y aller.	Ich muäs jezt gaa.
Laissez-moi tranquille!	Lönd Sii mich bitte in Ruä!
Laisse-moi tranquille!	La mich bitte in Ruä!
Je ne crois pas.	Ich glaub nöd.
J'aimerais rentrer à la maison.	Ich möcht hai.
Je dois rentrer à la maison.	Ich muäs hai.
Je dois travailler demain.	Ich muäs morn schaffä.
Je n'ai pas le temps.	Ich ha kai Ziit.
Je n'ai pas d'argent.	Ich ha kai Gäld.
Je n'ai pas envie.	Ich ha kai Luscht.

INVITATIONS

Expressions de base

Merci pour l'invitation.	Danke für d'Iiladig.
Je viens volontiers	Ja, ich chumä gärn.
être à l'heure / être ponctuel	pünktlich sii / verschpötet sii
Excusez / excuse mon retard.	Exgüse für d'Verschpötig. Exgüse für d'Verschpötig.
La nourriture est délicieuse.	S'Ässä isch seer fain / S'Ässä schmökkt wunderbar.
Tu peux amener ton copain.	Du chasch gärn din Fründ mitnää.
Tu peux amener ta copine.	Du chasch gärn dini Fründin mitnää.
Puis-je vous inviter à souper demain soir?	Törf ich Sii morn aabig zum Ässä iiladä?
Puis-je t'inviter à souper demain soir?	Törf ich di morn aabig zum Ässä iiladä?
Vous pouvez amener votre partenaire (homme).	Sii chönd gärn Irä Partner mitbringä.
Vous pouvez amener votre partenaire (femme).	Sii chönd gärn Iri Partnerin mitbringä.
Non, désolé, je ne peux pas, j'ai déjà quelque chose de prévu.	Tuät mir Laid, da chani nöd. / Ich ha dänn scho öppis vor.

CONSEIL Si vous êtes invité à manger dans une famille suisse, il est courant d'apporter quelque chose et d'être ponctuel. Lors d'une grillade ou d'une fête informelle, on propose d'apporter quelque chose: ***Chann ich öppis mitbringä?*** (puis-je apporter quelque chose?).

Quelques fêtes

Fête	Party (f) (Parti) / Fäscht (n)
Fête d'anniversaire	Geburtstags-party (f)
Grillade	Grillparty (f) / Grillfäscht (n)
Brunch	Brunch (m)
Déjeuner (France) / Dîner (Suisse)	Zmittagässä (n)
Dîner (France) / Souper (Suisse)	Znacht (m) / Znachtässä (n)
Pendaison de crémaillère	Husiweiigs-party (f)
Enterrement de vie de jeune fille / de garçon	Polteraabig (m)

L'AMOUR

Expressions de base

aimer	liäbä
Je t'aime.	Ich liäbä di / Ich ha di gärn.
J'ai besoin de toi.	Ich bruchä di.
Tu me manques.	Ich vermissä di.
Embrasse-moi.	Küss mich.
Tu es très beau / joli / très sexy.	Du bisch mega / seer hübsch / sexy.
Tu es l'amour de ma vie.	Du bisch d'Liäbi vo mim Läbä.
Je suis tombé amoureux/se de toi.	Ich ha mich i di verliäbt.
Tu me rends très heureux/se.	Du machsch mich total / mega happy.
Nous sommes tombés amoureux.	Mir händ ois verliäbt.
Je suis amoureux.	Ich bi verliäbt.
Emménageons ensemble!	Chumm mir ziänd zäme.
C'est mon amie / ma copine.	Sii isch mini Fründin.
C'est mon ami / mon copain.	Er isch min Fründ.
Nous sommes juste des amis.	Mir sind nur Kollegä.
Nous nous aimons.	Mir liäbed ois.
Il / elle me plaît.	Er / Sii gfallt mir.
Cela a été le coup de foudre.	Äs isch Liäbi uf dä erschti Blikk gsi.
Nous nous sommes rencontrés à …	Mir händ ois in…känä glärnt
Partenaire / Compagnon / Compagne	(Läbäs)partner (m) / in (f)

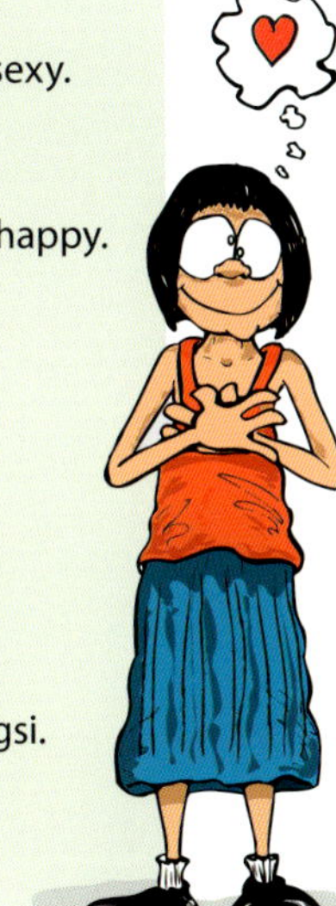

Soyez attentifs! Le mot ***Fründ*** et ***Fründin*** peut désigner, comme en français, un partenaire ou une connaissance proche. Pour souligner qu'il s'agit de son partenaire, on utilise souvent l'article possessif: ***Min Fründ / Mini Fründin***. L'article indéfini ***(än Fründ / ä Fründin)*** indique qu'il s'agit d'une connaissance proche. Le mot ***Kolleg(in)*** est également utilisé pour désigner une connaissance proche, même s'il ne s'agit pas d'un/e collègue de travail.

Les préférences sexuelles

J'aime les femmes.	Ich schtaa uf Frauä.
J'aime les hommes.	Ich schtaa uf Manä.
hétéro(sexuel)	hetero(sexuell)
homo(sexuel)	homo(sexuell)
gay	schwul
lesbienne	lesbisch

Conseil

Les Suisses allemands aiment les surnoms affectueux, les plus courants étant: ***Schäzzli*** (petit trésor), ***Tübli*** (petite tourterelle), ***Müüssli*** (petite souris), ***Chäferli*** (petit coléoptère), ***Schnugi*** (petit chou), ***Bärli*** (petit ourson).

* ***Sich verlobä / sich verliäbä*** sont des verbes pronominaux qui se conjuguent de la manière suivante:

Je tombe amoureux.	Ich verliäbä mich.
Tu tombes amoureux.	Du verliäbsch di.
Il/elle tombe amoureux/se.	Er/sie verliäbt sich.
Nous tombons amoureux.	Mir verliäbed ois.
Vous tombez amoureux.	Ier verliäbed oi.
Ils/elles tombent amoureux/ses.	Sii verliäbed sich.

Le mariage

se fiancer	sich verlobä *
Je me suis fiancé(e).	Ich ha mich verlobt.
se marier	hüratä
être marié(e)	ghüratä sii
Je suis marié(e).	Ich bi ghüratä.
Mariage	Ehe (f)
Mariage (la célébration)	Hochziit (f)
Nous nous marions.	Mir hüratet.
Enterrement de vie de jeune fille / de garçon	Polteraabig (m)
Veux-tu m'épouser?	Möchtisch mich hüratä?
Veux-tu devenir mon mari?	Möchtisch min Maa werdä?
Veux-tu devenir ma femme?	Möchtisch mini Frau werdä?
Oui, je le veux.	Ja, ich will.
Non, je ne veux pas / pas encore.	Nai, ich möcht nöd / nonig.

Les problèmes amoureux

Je ne veux plus te voir.	Ich möcht di niä wider gsee.
Il y a quelqu'un d'autre.	Ich ha än anderä (m) / än anderi (f).
Je te déteste.	Ich hassä di.
se détester	sich hassä
Il faut faire une pause.	Chumm, mir mached ä Pausä.
Est-ce que tu m'as trompé/e?	Häsch du mich betrogä?
Nous sommes juste des amis.	Mir sind nur Kollegä.
Je ne suis pas / plus amoureux/se.	Ich bi nöd / nümmä verliäbt.
déménager / partir	uusziä
Elle est partie / il est parti.	Sii / Er isch uszogä.
avoir une liaison	än Affärä ha
tromper quelqu'un	öpper betrügä
Elle / il m'a trompé(e).	Sii / Er hätt mich betrogä.
Dispute	Schtriit (m)
se disputer	schtriitä
se séparer	sich tränä
divorcer	sich schaidä la
divorcé/e	gschidä

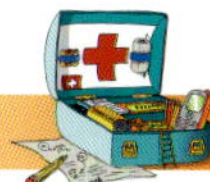

LE BON MOT AU BON MOMENT

Mots pour des occasions particulières

Joyeux anniversaire!	Alles Gueti zum Geburtstag!
Joyeux Noël!	Schöni Wiänachtä!
Bonne année!	Äs guäts Nois! / Än guätä Rutsch!
Je te souhaite…	Ich wünschä dir...
Joyeuse fête!	Äs schöns Jubiläum!
Bonne chance!	Vill Glükk! / Vill Erfolg!
Tout de bon!	Alles Gueti!
Super!	Fantastisch!
Magnifique!	Schön!
Délicieux!	So fain!
Bienvenue!	Willkomä!
Touchons du bois!	Hals- und Baibruch!
Bon appétit!	Än Guetä!
Félicitations!	Ich gratulierä!
A ta santé!	Uf dini Gsundhait!
Je te souhaite bien du succès!	Vill Erfolg!
Bon voyage!	Schöni Rais!
Soigne-toi bien!	Gueti Besserig!
Santé!	Proscht! / Pröschtli!

Problèmes et expresssions de sympathie

Je suis désolé.	Äs tuät mir Laid.
Désolé!	Sorry!
Pas de chance!	Päch!
Dommage!	Schad!
Je t'avais averti.	Ich ha di gwarnt.
Toutes mes condoléances.	Mis tüfi Biilaid.
Bonne chance pour la prochaine fois.	Vill Glükk snächscht Mal.
J'espère que cela ira bientôt mieux.	Ich hoffä, äs gat bald besser.

AU TRAVAIL

Expressions de base

Est-ce que vous travaillez?	Sind Sii pruäfstätig?
Est-ce que vous travaillez?	Schaffed Sii?
Est-ce que tu travailles?	Bisch pruäfstätig? / Schaffsch?
Que faites-vous? / Quelle est votre profession?	Was mached Sii? / Was schaffed Sii?
Que fais-tu? Quelle est ta profession?	Was machsch? / Was schaffsch?
Quelle est votre profession?	Was isch Irä Pruäf ?
Quelle est votre formation?	Was händ Sii glärnt?
Quelle est ta profession?	Was isch din Pruäf?
Quelle est ta formation?	Was häsch glärnt?
Je suis ...	Ich bi...
Où travaillez-vous?	Wo schaffed Sii?
Où travailles-tu?	Wo schaffsch?
Je travaille chez ...	Ich schaffä bi...
Je travaille à la maison.	Ich schaffä dähai.
Je suis indépendant.	Ich schaffä als Freelancer.
Je ne travaille pas (pour l'instant).	Ich schaffä (im Momänt) nöd.
Je suis employé chez ...	Ich bi bi dä...agschtellt.
Je suis au chomâge.	Ich bi...arbetslos. / Ich gang go schtämpflä.
Je suis indépendant.	Ich bi sälb-schtändig.

Les aspects administratifs

Offre d'emploi *	Bewärbig (f)
Rapport	Pricht (m)
Procès-verbal	Protokoll (n)
Facture	Rächnig (f)
Commande	Pschtellig (f)
Mandat	Uuftrag (m)
Certificat de travail	Laischtigsbewärtig (f)
Entretien d'appréciation	Quali(fikation) (f)

* (d'un futur employé)

CONSEIL

Comme dans le monde francophone, l'anglais prend une place de plus en plus importante dans le monde du travail en Suisse allemande. Les firmes internationales notamment communiquent en anglais ou utilisent des expressions anglaises (comme ***Meeting, Staffing, Leverage, Performance***, etc.).

Expressions de base

Nous avons un problème.	Mir händ äs Problem.
Nous avons beaucoup de succès.	Mir sind seer erfolgriich.
Nous avons fait … de bénéfice.	Mir händ…Gwünn gmacht.
Nous avons fait … de chiffre d'affaire.	Mir händ…Umsazz gmacht.
Nous avons fait … de pertes.	Mir händ…Verluscht gmacht.
Nous créons des places de travail.	Mir schaffed Arbetspläzz.
Vous êtes engagé(e).	Sii händ d'Schtell.
Vous êtes licencié(e).	Sii sind entlaa.
Je veux démissionner.	Ich möcht kündigä.
J'aimerais une hausse de salaire.	Ich möcht ä Loonerhöig.
Est-ce que vous venez déjeuner avec moi?	Chömed Sii mit mir go zmittagässä?
Est-ce que tu viens déjeuner avec moi?	Chunnsch mit mir go zmittagässä?
Pourriez-vous m'expliquer cela?	Chönd Sii mir das bitte erchlärä?
Peux-tu m'expliquer cela?	Chasch mir das erchlärä?
Peux-tu faire une présentation pour moi?	Chasch mir ä Präsentazion machä?
J'aimerais aller en vacances du … au …	Ich möcht vo…bis…i d'Feriä.
Pourriez-vous faire une présentation pour moi?	Chönd Sii mir ä Präsentazion machä?
avoir une séance / une réunion	Ich hann äs Meeting / ä Sizzig / ä Beschprächig.
J'aimerais discuter de quelque chose avec vous.	Ich möcht öppis mit Inä beschprächä.
J'aimerais discuter de quelque chose avec toi.	Ich möcht öppis mit dir beschprächä.

Les paiements

Bonus	Bonus (m)
Frais	Gebür (f)
Commission	Komission (f)
Coûts	Choschtä (pl)
Salaire	Loon (m)
Caisse de pension	Pensionskassä (f)
Prix	Priis (m)
Impôts	Schtürä (pl)
Temps partiel	Tailziit (f)
Heures supplémentaires	Überschtundä (pl)
Rabais	Verbilligung (f)
Rabais	Vergünschtigung (f)
Assurance	Versicherig (f)
Plein temps	Vollziit (f)
Paiement	Zalig (f)

Les lieux du travail

Bureau	Büro (n)
Réception	Empfang (m)
Garage	Garasch (f)
Entreprise *	Gschäft (n)
Cantine	Kantinä (f)
Laboratoire	Labor (n)
Magasin	Lagerhallä (f)
Magasin	Warähuus (n)
Coin-fumeur	Rauchereggä (m)
Studio	Schtudio (n)
Place de parc/ Parking	Parkplazz (m)

* (ou l'on travaille)

Le temps au travail

Réunion	Beschprächig (f)
Entretien d'embauche	Bewärbigsgschpräch (n)
Vacances	Feriä (pl)
Pause café	Kafipausä (f)
Conférence	Konfäränz (f)
Cours	Kurs (m)
Pause de midi	Mittagspausä (f)
Pause	Pausä (f)
Présentation	Präsentazion (f)
Séance	Sizzig (f)
	Meeting (n) (Miiting)
Rendez-vous	Termin (m)

Le code vestimentaire

Complet	Aazug (m)
Attaché-case	Arbetsmappä (f)
Code vestimentaire	Chlaidervorschrift (f)
Cravatte	Grawattä (f)
élégant	lässig
décontracté	unzwungä
Uniforme	Uniform (f)

Les fonctions au travail

Employé	Agschtellte (m)
Employée	Agschtellti (f)
Ouvrier	Arbaiter (m)
Ouvrière	Arbaiterin (f)
Employeur	Arbetgeber (m)
	Arbetgeberin (f)
Collègue de travail	Arbetskolleg (m)
	Arbetskollegin (f)
Assistant	Asischtänt (m)
Assistante	Asischtäntin (f)
Conseiller	Berater (m)
Conseillère	Beraterin (f)
Client	Chund (m)
Cliente	Chundin (f)
Directeur	Diräktor (m)
Directrice	Diräktorin (f)
Cahier des charges	Jobbeschribig (f)
Apprenti	Leerling (m)
Cadre	Manager (m)
	Managerin(f)
Partenaire	Partner (m)
	Partnerin (f)
Stagiaire	Praktikant (m)
	Praktikantin (f)
Profession	Pruäf (m)
Propriétaire	Psizzer (m)
	Psizzerin (f)
Femme de ménage	Puzzfrau (f)
Nettoyeur	Puzzma (m)
Réceptionniste	Resepzionischt (m)
	Resepzionischtin (f)
Chef	Schef (m)
	Schefin (f)
Secrétaire	Sekretär (m)
	Sekretärin (f)
Technicien	Techniker (m)
Technicienne	Technikerin (f)
Vendeur	Verchoiffer (m)
Vendeuse	Verchoifferin (f)
Conseil d'administration	Verwaltigsrat (m)

LE TÉLÉPHONE

Au téléphone

Pourrais-je parler à M. X?	Chann ich mit äm Herr...redä?
Pourriez-vous me passer M. X ?	Chönted Sii mich bitte mit äm Härr...verbindä?
Je vous le passe.	Ich verbindä Sii.
Puis-je vous rappeler?	Chann ich Inä zrugglütä?
Puis-je te rappeler?	Chann ich dir zrugglütä?
De quoi s'agit-il?	Um was gat's?

Expressions utiles au téléphone

Appel	Aaruäf (m)
Répondeur téléphonique	Bändli (n) Telefonbeantworter (m)
téléphoner	aalütä
Appel international	internazionalä Aaruäf (m)
effacer / annuler	löschä / känslä
Téléphone mobile / Natel (Suisse)	Händi (n) / Natel (n)
Appel local	lokalä Aaruäf (m)
Annuaire de téléphone	Telefonbuäch (n)
téléphoner	telefoniärä
Carte de téléphone	Telefonchartä (f)
Facture de téléphone	Telefonrächnig (f)
Cabine téléphonique	Telefonkabinä (f)
Opérateur	Vermittlig (f)
Indicatif	Vorwaal (f)

La communication

En Suisse allemande, on s'annonce en général avec son nom entier, par ex. Christa Müller. Quand on téléphone à quelqu'un, on se présente: ***Da isch d'Christa Müller, Chönt ich bitte mit äm Herr Meier redä?*** (Christa Müller au téléphone, pourrais-je parler à Monsieur Meier?). Il est poli de demander si l'on dérange: ***Stör ich?*** Quand on appelle quelqu'un de manière impromptue, on peut lui demander si elle est disponible: ***Händ Sii churz Ziit?***

Pour terminer un appel, on dit: ***Uf Widerlosä*** (au plaisir de vous entendre à nouveau). Il est courant de répéter le nom de la personne à qui on a parlé: ***Uf Widerlosä*, *Herr Müller.***

Expressions de base

Est-ce que je peux utiliser votre téléphone?	Chann ich mal Iräs Telefon benuzzä?
Est-ce que je peux utiliser ton téléphone?	Chann ich mal dis Telefon benuzzä?
Je vous appelle.	Ich lüt Inä aa.
Je t'appelle.	Ich lüt dir aa.
Personne n'a répondu.	Niämärt hätt abgno.
C'est occupé.	Äs isch psezt.
J'aimerais faire un appel en pcv vers ...	Ich möcht äs R-Gschpröch nach…machä.
Je dois recharger mon téléphone mobile.	Ich muäs mis Natel ufladä.
Faux numéro.	Falsch verbundä.
Le téléphone sonne.	S'Telefon lütet.
Vous avez fait un faux numéro.	Falsch verbundä.
Merci d'éteindre votre mobile.	Schtelled Sii bitte Iräs Händi ab.
Merci d'éteindre ton mobile.	Schtell bitte dis Händi ab.
Combien coûte une minute à destination de ...?	Wiä vill choschtet's ä Minutä uf...z'telefonierä?

La communication

L'E-MAIL ET LES SMS

E-Mail

Répertoire d'adresse	Addrässbuäch (n)
Attachment / Pièce jointe	Attachment (n) *(Attätschmänt)*
répondre	antwortä zruggschriibä
faire le log-out	uusloggä
faire le log-in	iiloggä
E-mail	E-Mail (n)
copier	kopierä
Mail	Mail (n)
Corbeille	Papierchorb (m)
SMS (Suisse) / Texto	SMS (n)
at / arobase	Affeschwanz (m)
Liaison	Verbindig (f)
faire suivre	forwardä wiiterlaitä

L'informatique: expressions de base

éteindre l'ordinateur	dä Computer usschaltä
allumer l'ordinateur	dä Computer aaschtelä
imprimer	drukkä
Imprimante	Printer (m) / Drukker (m)
enregistrer un document	äs Dokument abschpicherä
ouvrir un programme	äs Programm öffnä
graver un CD	ä CD bränä
créer un nouveau dossier	än noiä Ordner aleggä
télécharger	abeladä / downlowdä

Quelques phrases importantes pour les e-mails

Je dois aller consulter mes e-mails.	Ich muäs mal mini Emails aaluägä.
Il n'y a pas de connection internet.	Äs hätt kai Internetverbindig.
J'ai un virus / un spam.	Ich hann än Wirus / Späm.
Je vous envoie un mail.	Ich schrib Inä äs E-Mail.
Je t'envoie un mail.	Ich maile dir.
Merci de m'envoyer un mail.	Schribed Sii mir äs E-Mail, bitte. Schrib mer äs Mail, bitte.
J'ai effacé votre mail.	Ich ha Iräs Mail glöscht.
J'ai effacé ton mail.	Ich ha dis Mail glöscht.
Ne m'envoyez plus de mails.	Schribed Sii mir kai Mails me.
Ne m'envoie plus de mails.	Schrib mer kai E-Mail me.
Quelle est votre adresse e-mail?	Was isch Iri E-Mailadrässä?
Quelle est ton adresse e-mail?	Was isch dini E-Mailadrässä?

Le chat en suisse allemand

Suisse allemand		**Français**
LG	Liäbi Grüess(li)	XXX / biz (bises)
HDG	Ha di gärn	JTM (je t'aime)
GN8	Guät Nacht	bonui (bonne nuit)
8UNG	Achtung	! (attention)
CUL8r	See you later *	A+ (à plus tard, on se revoit)
4U	For you *	4U (pour toi)
IVD	Ich vermiss dich.	MissU (tu me manques)

* Même si ces expressions sont anglaises, elles sont très fréquentes en suisse allemand comme en français.

LA POSTE

La poste

Expéditeur	Apsänder/in (m/f)
Adresse	Adrässä (f)
Lettre	Briäf (m)
Boîte aux lettres	Briäfchaschtä (m)
Timbre	Markä (f)
Lettre recommandée / Courrier inscrit	Igschribnä Briäf (m)
Virement postal	Gäldüberwiisig (f)
Air-mail / Aérogramme	Luftposcht (f)
Paquet	Päkkli (n)

Courrier	Poscht (f)
Office postal	Poscht (f)
Facteur	Pöschtler (m) Pöschtlerin (f)
Case postale	Poschtfach (n)
Carte postale	Poschtchartä (f)
Code postal	Poschtlaitzaal (f)
Timbre postal	Poschtschtämpfel (m)
envoyer	schikkä sändä
Enveloppe	Couvert (n) (Kuwäär)
A l'attention de	zuhandä vo

Phrases clés à la poste

J'aimerais envoyer cette lettre par courrier prioritaire.
Ich möcht dä Briäf mit A-Poscht schikkä.

J'aimerais faire transférer mon courrier.
Ich möcht mini Poscht umlaitä.

Quel est le code postal de ...?
Was isch d'Poschtlaitzaal vo...?

Combien cela coûte-t-il d'envoyer cette lettre par courrier prioritaire?
Wiä vill choschtet's dä Briäf mit A-Poscht z'schikkä?

Comment faut-il faire pour obtenir une case postale?
Wiä chumm ich äs Poschtfach über?

Quel est le moyen le plus rapide d'envoyer cette lettre / ce colis?
Wiä chann ich dä Briäf / das Päkkli am schnellschtä schikkä?

Quel est le moyen le meilleur marché d'envoyer cette lettre / ce colis?
Wiä chann ich dä Briäf / das Päkkli am billigschtä schikkä?

Quand est-ce qu'il arrivera?
Wänn chunnt's a?

Est-ce que vous avez une liste des prix?
Händ Sii mir ä Priislischtä?

La poste suisse offre plusieurs manières d'envoyer une lettre ou un colis. Les plus usuelles sont:

A-Poscht (courrier A): courrier prioritaire, délivré en général le lendemain.

B-Poscht (courrier B): courrier normal, qui mettra deux ou trois jours (parfois plus) pour atteindre sa destination.

Igschriibnä Briäf: lettre inscrite.

Kurier: transporteur privé.

Les envois express se disent Eilpost ou ***Express.***

Site web: www.swisspost.ch

LES MÉDIAS

Dans les médias

célèbre	berüämt / bekannt
Cahier / Partie du journal	Apschnitt (m) / Tail (m)
Rédacteur en chef	Schefredakter (m)
	Schefredakterin (f)
Télévision numérique	Digitalfernse (n)
Télévision	Fernse (n)
Photographie	Foti (n)
Société	Gsellschaft (f)
Editeur	Herusgeber (m)
Editrice	Herusgeberin (f)
Nouvelles internationales	Ussland-Nachrichtä (pl)
Journaliste	Schurnalischt (m)
	Schurnalischtin (f)
Téléréseau	Kabelfernse (n)
Potin / Ragot	Klatsch (m)

Suite à la page suivante…

Dans les médias

Potin / Ragot	Tratsch (m)
Art	Kunscht (f)
Nouvelles locales	lokali Noiigkaitä (pl)
	lokali Nachrichtä (pl)
Opinion	Mainig (f)
Mode	Modä (f)
Musique	Musig (f)
Nouvelles nationales	Inland-Nachrichtä (pl)
Nouvelles	Nachrichtä (pl)
People / VIP	Promi (m)
	VIP (m) (Wiaipi)
Radio	Radio (m)
Antenne parabolique	Satellitäschüsslä (f)
Manchette	Schlagzilä (pl)
Sport	Schport (m)
Star	Schtar (m)
Obituaire / Annonce mortuaire	Todesaazaig (f)
Publicité	Wärbig (f)
Revue	Heftli (n)
Journal	Zitig (f)

MANGER ET BOIRE

Expressions de base

J'ai faim.	Ich ha Hunger.
J'ai soif.	Ich ha Turscht.
Une table pour deux, s'il vous plaît.	Än Tisch für zwai, bitte.
Je peux avoir la carte?	Händ Sii mir ä Schpiis-chartä? / Chann ich emal d'Schpiis-chartä aluägä?
J'aimerais ...	Ich möcht...
avec de la sauce forte / sans sauce forte	mit scharfer Sosä / ooni scharfi Sosä.
avec / sans citron	Mit / ooni Zitrone.
Un peu de ...	Äs bizzeli...
Une bouteille d'eau, s'il vous plaît.	Ä Fläschä Wasser, bitte.
avec / sans glace.	Mit / ooni Iis.
Une (bière) pression / une bière blanche, s'il vous plaît.	Ä Schtangä / äs Waizä, bitte.
L'addition, s'il vous plaît?	Chann ich zalä, bitte?
Est-ce que cela vous a plu?	Isch guät gsi? / Isch rächt gsi?
C'était bon / ce n'était pas bon.	S'Ässä isch guät / nöd so guät gsi.
A l'emporter, s'il vous plaît.	Zum Mitnää, bitte.
Est-ce que nous pouvons payer chacun notre part?	Chömmer trännt zalä?

Viande

Viande	Flaisch (n)	**Salami**	Salami (m)
Poulet	Huän (n) Poulet (n) (Pule)	**Jambon**	Schinkä (m)
Viande de veau	Chalbflaisch (n)	**Viande de porc**	Schwinigs (n) Schwaineflaisch (n)
Agneau	Lamm (n)	**Lard**	Schpäkk (m)
Foie	Läbere (f)	**Steak**	Steak (n)
Viande de boeuf	Rindflaisch (n)	**Dinde**	Truthaan (m)
		Saucisse	Wurscht (f)

Le repas

Repas	Maalzitä (pl)
Entrée	Vorschpiis (f)
Apéro	Apéro (m)
Petit-déjeuner	Zmorgä (m)
Dessert	Dessert (m)
Dîner (France) / Souper*	Znacht (m)
Repas de midi	Zmittag (m)
Plat principal	Hauptschpiis (f)
Neuf-heures	Znüni (m)
Quatre-heures	Zvieri (m)

* Suisse romande

Manger et boire

Café et boissons chaudes

Cappucino	Cappuccino (m)
Expresso	Espresso (m)
Lait chaud	Haissi Milch (f)
Chocolat chaud	Haissi Schoggi (f)
Café crème	Kafi crème (m)
Latte macchiato	Latte Macchiato (f)
Café au lait	Milchkafi (m)
	Schalä (f)
Punch	Punsch (m)
Thé	Tee (m)

Boissons froides

Jus de pomme	Öpfelsaft (m)
	Süässmoscht (m)
Coca	Coggi (n) / Cola (n)
Thé froid	listee (m)
Jus de pamplemousse	Grapefruitsaft (m)
Boissons froides	Chalti Getränk (pl)
Chocolat froid	Chalti Schoggi (f)
Eau minérale gazeuse	Blööterliwasser (n)
Eau minérale	Mineralwasser (n)
Jus d'orange	Orangschäsaft (m) / O-Saft (m)
Jus	Saft (m)
Jus de raisin	Truubesaft (m)
Eau gazeuse	Wasser mit Cholesüüri / Blööterli
Eau plate	Wasser ooni Cholesüüri / Blööterli

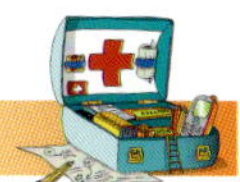

Quelques boissons typiques

Quelques boissons typiques pour les enfants: haissi ***Ovi / Ovo*** (une ovomaltine chaude)

Des boissons estivales: ***än Gchprüzztä*** (du vin blanc dilué avec du Sprite (***süäss***) ou de l'eau gazeuse (***suur***)), ***äs Panaché*** (une panachée), ou ***ä Schtangä*** (une pression), ***suure Moscht*** (cidre).

Des boissons d'hiver sont ***Schümli Pflümli*** (un café avec de l'alcool et de la crème fouettée), ***Kafi Schnaps*** (un café avec de l'alcool, café chauffeur en Suisse romande), ***glüäwii*** (vin chaud).

L'automne on boit du ***Suser*** (du jus de raisin légèrement fermenté).

...AÏE!...
C'EST LA MAUVAISE BOUTEILLE

BAR

Boissons alcooliques

Cidre	suurä Moscht (m)
Bière	Biär (n)
Bière pression	Schtangä (f)
Coupe de champagne	Güppli (n)
Vin chaud	Glüäwii (m)
Vin rouge	Rotwii (m)
	Rotä (m)
Alcool fort	Schnaps (m)
Vin	Wii (m)
Vin blanc	Wiisswii (m)

Poissons et fruits de mer

Perche	Egli (m)
Féra	Felchä (f)
Poisson	Fisch (m)
Truite	Forälä (f)
Crabe	Krabä (f)
Saumon	Lachs (m)
Fruits de mer	Meeresfrücht (pl)
Crevettes géantes	Riisecrevettä (f) (Riisägröwettä)
Crevettes	Crevettä (f) (Gröwettä)
Thon	Ton (m)

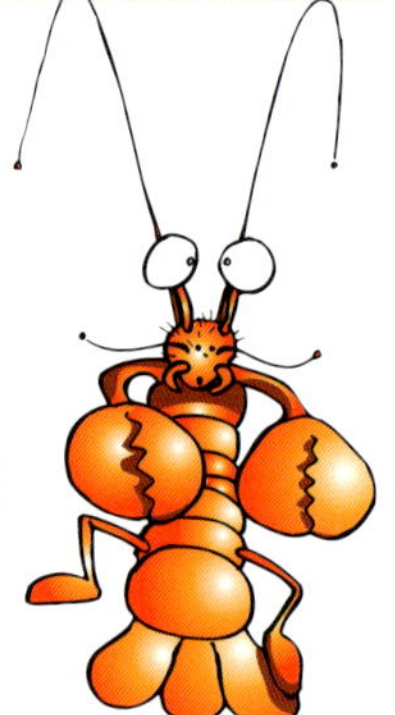

Les modes de cuisson

frit	frittiert	**rôti**	gröschtet
sauté / poêlé	prötlet	**grillé**	griliert
cuit	gkocht	**mariné**	mariniert
		cru	roo

Produits laitiers

Beurre	Butter (m) Ankä (m)
Yogourt	yoghurt (n)
Fromage	Chäs (m)
Lait	Milch (f)
Crème	Raam (m)

Pain et boulangerie

Baguette	Pariserbrot (n)
Sandwich	Sandwich (m)
Boule de Berlin	Berliner (m)
Pain	Brot (n)
Petit pain	Brötli (n) / Pürli (n)
Pain noir	dunkels Brot (n)
Tarte aux fruits	Wäjä (f)
Articles de boulangerie	Gebäkk (n)
Croissant	Gipfeli (n)
Gâteau	Chuächä (m)
Toast	Tooscht (m)
Pain complet	Vollchornbrot (n)
Pain blanc	Wiissbrot (n)

Spécialités typiquement suisses

Chäsfondue (Chäsfondü)	Fondue au fromage
Raclette (Ragglett)	Raclette
Rösti (Röschti)	Röstis (pommes de terre râpées puis rissolées)
Zürigschnäzzläts	Emincé de veau à la zurichoise (à la crème)
Birchermüesli	Muesli (céréales servies avec des fruits et du yogourt)
Vermicelles (Wermisell)	Vermicelles (dessert à base de purée de marron, de sucre et de crème)

Produits divers

Bonbon	Zältli (n)
Oeuf	Ai (n)
Glace / Sorbet	Glacé (n) (Glasse)
Beurre de cacahouète	Erdnussbutter (m)
Aromate *	Aromat (n)
Epices	Gwürz (pl)
Miel	Honig (m)
Maïs	Mais (m)
Epi de maïs	Mais-cholbä (m)
Margarine	Margerinä (f)
Confiture	Gomfi (f)
Farine	Määl (n)
Pâtes	Pasta (f) Taigwarä (pl)
Huile d'olive	Olivenöl (n)
Riz	Riis (m)
Sauce à salade	Salatsossä (f)
Sucre	Zukker (m)

* mélange d'épices utilisé pour la salade ou la soupe.

Goût

amer	bitter
fade	fad
Goût	Gschmakk (m)
sans goût	gschmakklos
doux	mild
salé	salzig
acide	suur
fort	scharf
sucré	süäss
trop salé	versalzä

Fruits

Pomme	Öpfel (m)
Banane	Bananä (f)
Poire	Birä (f)
Fraise	Erdbeeri (n)
Fruit	Frucht (f)
Framboise	Himbeeri (n)
Cerise	Chriäsi (n)
Lime	Limone (f)
Mandarine	Mandarinli (n)
Orange	Orangschä (f)
Pastèque	Wassermelonä (f)
Citron	Zitrone (f)

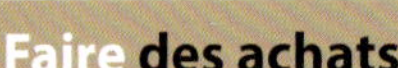

Faire des achats

Fruits frais / de saison / en action	aktuelli Frücht (pl)
Boulangerie	Bekk(erei) (f)
Epicerie fine	Delikatessladä (m)
Faire des achats	iichauffä poschtä
frais	früsch
congelé	gefroren
Magasin	Ladä (m)
Produits alimentaires	Läbesmittel (pl)
Boucherie	Mezzg(erei) (f)
Fruits de saison	säsonali Frücht (pl)
Supermarché	Supermärt (m)

Légumes et légumineuses`

Aubergine	Oberschinä (f)
Chou-fleur	Bluämächöl (m)
Haricots	Boonä (f)
Brocoli	Broggoli (m)
Légumes	Gmüäs (n)
Légumineuses	Hülsäfrücht (pl)
Carotte	Rüäbli (n)
Pommes de terre	Herdöpfel (m)
Ail	Chnobli (m) Chnoblauch (m)
Salade pommée	Chopfsalat (m)
Lentilles	Linsä (pl)
Poivron	Peperoni (f)
Salade	Salat (m)
Epinards	Schpinat (m)
Tomate	Tomatä (f)
Oignon	Zwiblä (f) Bölä (pl)

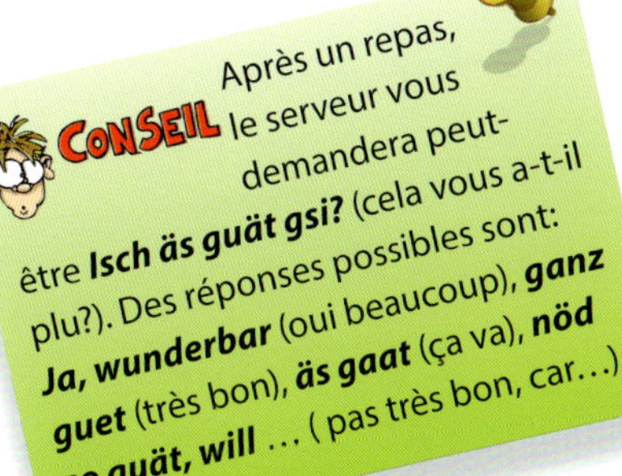

Après un repas, le serveur vous demandera peut-être ***Isch äs guät gsi?*** (cela vous a-t-il plu?). Des réponses possibles sont: ***Ja, wunderbar*** (oui beaucoup), ***ganz guet*** (très bon), ***äs gaat*** (ça va), ***nöd so guät, will*** … (pas très bon, car…).

L'addition est généralement répartie entre les convives, le serveur peut demander:

Zaled Sie trännt oder zäme? (Est-ce que vous payez tout ensemble ou séparément?).

La réponse peut être:

Trännt bitte! (séparément) ou ***Zäme, bitte*** (tout ensemble).

Restaurants et bars

Bar	Bar (f)
Café	Kafi (n)
Cantine	Kantinä (f)
Restaurant / Bistrot	Baiz (f)
Restaurant	Reschtorant (n)
Wagon restaurant	Schpiiswagä (m)

Régimes particuliers

Hätt's (Schwaine) flaisch i dem Ässä? Est-ce que ce plat contient de la viande (de porc)?

Händ Sii Vegi-Menüs? Avez-vous des plats végétariens?

LA SANTÉ

PHARMACIE

J'AIMERAIS SIX BOÎTES DE PRÉSERVATIFS, DEUX PATCHS DE NICOTINE ET UNE BOÎTE D'ASPIRINE...

Expressions de base

Je ne me sens pas bien.	Ich füül mich nöd wool.
Je me sens mal.	Mir isch schlächt.
Je me sens malade.	Ich füül mich chrank.
Où y a-t-il une pharmacie?	Wo hätt's än Apothek?
J'ai besoin de quelque chose contre ...	Ich bruchä n'öppis gägä...
Est-ce que j'ai besoin d'une ordonnance?	Bruch ich äs Rezäpt?
Je suis allergique à ...	Ich bin allergisch gägä...
Est-ce que vous avez quelque chose contre ...?	Händ Sii öppis gägä...?
J'ai besoin de mes lunettes.	Ich bruchä mini Brülä.
Je crois que je vais me sentir mal.	Ich glaub, mir wird schlächt.
J'ai la diarrhée.	Ich ha Durchfall.
J'ai besoin d'une pilule.	Ich bruchä ä Tablettä.
Je saigne.	Ich blüätä.
J'ai mal à la tête / j'ai une rage de dent.	Ich ha Chopfwee / Zaawee.

Suite à la page suivante...

Expressions de base

Il / elle a une commotion cérébrale.	Er / Sii hätt ä Ghirnerschütterig.
tomber	umfallä / umgheiä /
Je suis tombé.	Ich bi gschtürzt / Ich bin umgfallä.
Je me suis encoublé / j'ai trébuché.	Ich bi gschtürchlet / gschtolperet.
Je me suis cassé le bras / la jambe.	Ich ha mir dä Arm / s'Bai / brochä.
Mon estomac / ma tête / ma dent me fait mal.	Min Magä / Chopf / Zaa tuät wee.
Etes-vous enceinte?	Sind Sii schwanger?
Quand avez-vous eu vos dernières règles?	Wänn händ Sii sletscht Mal Iri Täg ka?
Prenez-vous des hormones?	Nämed Sii Hormon?
Prenez-vous des médicaments?	Nämed Sii Medikamänt?
Consommez-vous des drogues?	Nämed Sii Drogä?
Buvez-vous de l'alcool?	Trinked Sii Alkohol?
Est-ce que vous fumez?	Rauched Sii?
Avez-vous une assurance privée?	Sind Sii privat versicheret?
Auprès de quelle caisse maladie êtes-vous assuré?	Was für ä Chrankäkassä händ Sii?
Y a-t-il des maladies héréditaires dans votre famille?	Händ Sii Erbchrankhaitä i dä Familiä?

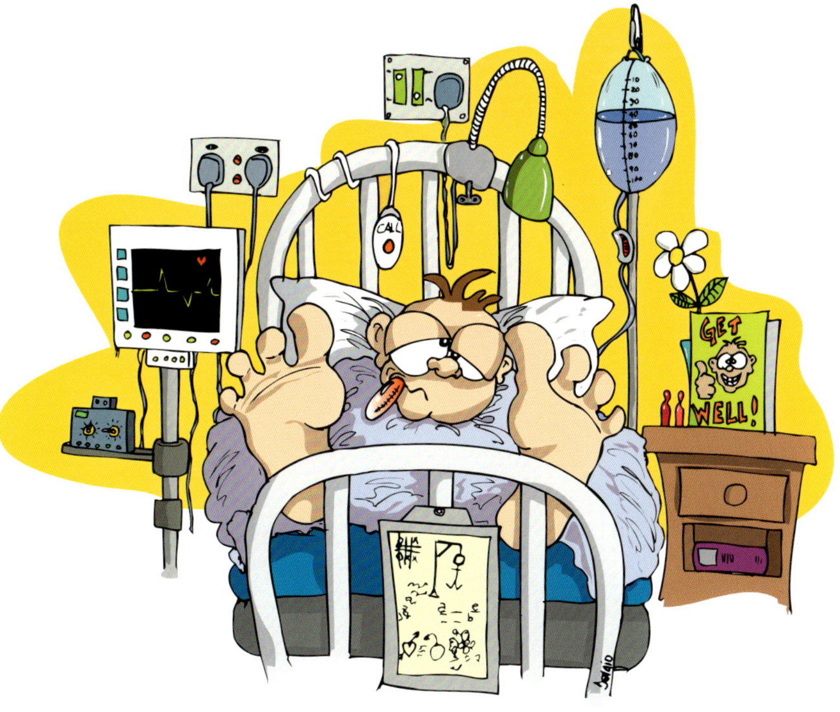

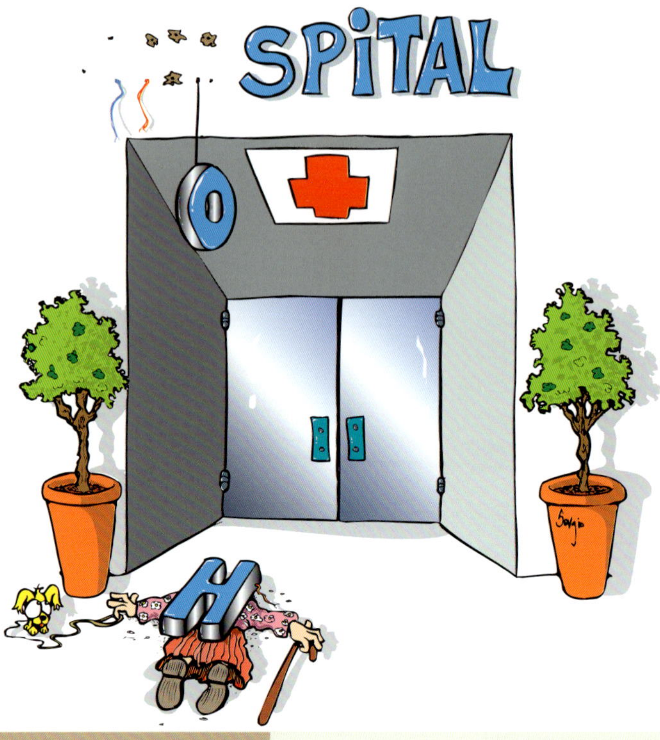

A l'hôpital

Division	Abtailig (f)	**Infirmière**	Chrankäschwöschter (f)
Ambulance	Ambulanz (f)	**Urgences**	Notufnaam (f)
	Chrankäwagä (m)	**Urgence**	Notfall (m)
Médecin	Arzt (m)	**Patient**	Paziänt (m)
	Ärztin (f)	**Patiente**	Paziäntin (f)
Premiers secours	Erschti Hilf (f)	**Cabinet médical**	Praxis (f)
Soins intensifs	Intensivschtazion (f)	**Ordonnance**	Rezäpt (n)
Clinique	Klinik (f)	**Département**	Schtazion(f)
Hôpital	Schpital (n)		

L'expression ***Chrankäschwöster*** (infirmière) a été remplacée récemment par ***Plägfachfrau*** (soignante) ou ***Plägfachmann*** (soignant), les professions soignantes ne voulant plus être associées aux religieuses qui exerçaient le métier à l'origine.

Problèmes de santé

Abcès	Apszäss (m)
Allergie	Alergii (f)
allergique à …	alergisch gägä
contagieux	aschtekkänd
Asthme	Aschtma (n)
Maux de ventre	Buuchwee (n)
Appendicite	Blinddarmenzündig (f)
Pression sanguine	Bluätdrukk (m)
Taux de sucre dans le sang	Bluätzukker (m)
Diabète	Diabetis (f)
Diarrhée	Durchfall (m)
Inflammation	Enzündig (f)
Refroidissement	Vercheltig (f) /
Rhume	Pfnüsel (m)
Fièvre	Fiäber (n)
Commotion cérébrale	Ghirnerschütterig (f)
Grippe	Grippe (f)
Rhume des foins	Hoischnuppä (m)
tousser	huäschtä
Infection	Enzündig (f)
Fracture	Chnochäbruch (m)
Maux de tête	Chopfwee (n)
Crampe	Chrampf (m)
malade	chrank
Parasite	Parasit (m)
Insomnie	Schlaflosikait (f)
Douleurs	Schmärzä (pl)
Température	Temperatur (f)
Rage	Tollwuät (f)
brûler / brûlé	verbränä / verbrännt
empoisonné	vergiftet
Blessure	Verlezzig (f)
Virus	Wirus (m)
Diabète	Zukkerkranket (f)

Les solutions

Aspirine	Aschpirin (n)
Crème	Crème (f)
Antidote	Gägägift (n)
Médicament	Hailmittel (n)
Préservatif	Kondom (n) Pariser (m) Gummi (m) Preservatif (n)
Massage	Massage (f)
Opération	Operazion (f)
Pansement	Pfläschterli (n)
Pilule	Pillä (f)
Somnifère	Schlaftablettä (f)
Antidouleur	Schmärzmittel (n)
Sirop	Sirup (m)
Piqûre	Schprüzzä (f)
Goutte	Tröpfli (pl)
Moyen de contraception	Verhüetigsmittel (n)
Suppositoire	Zäpfli (n)

LE CORPS

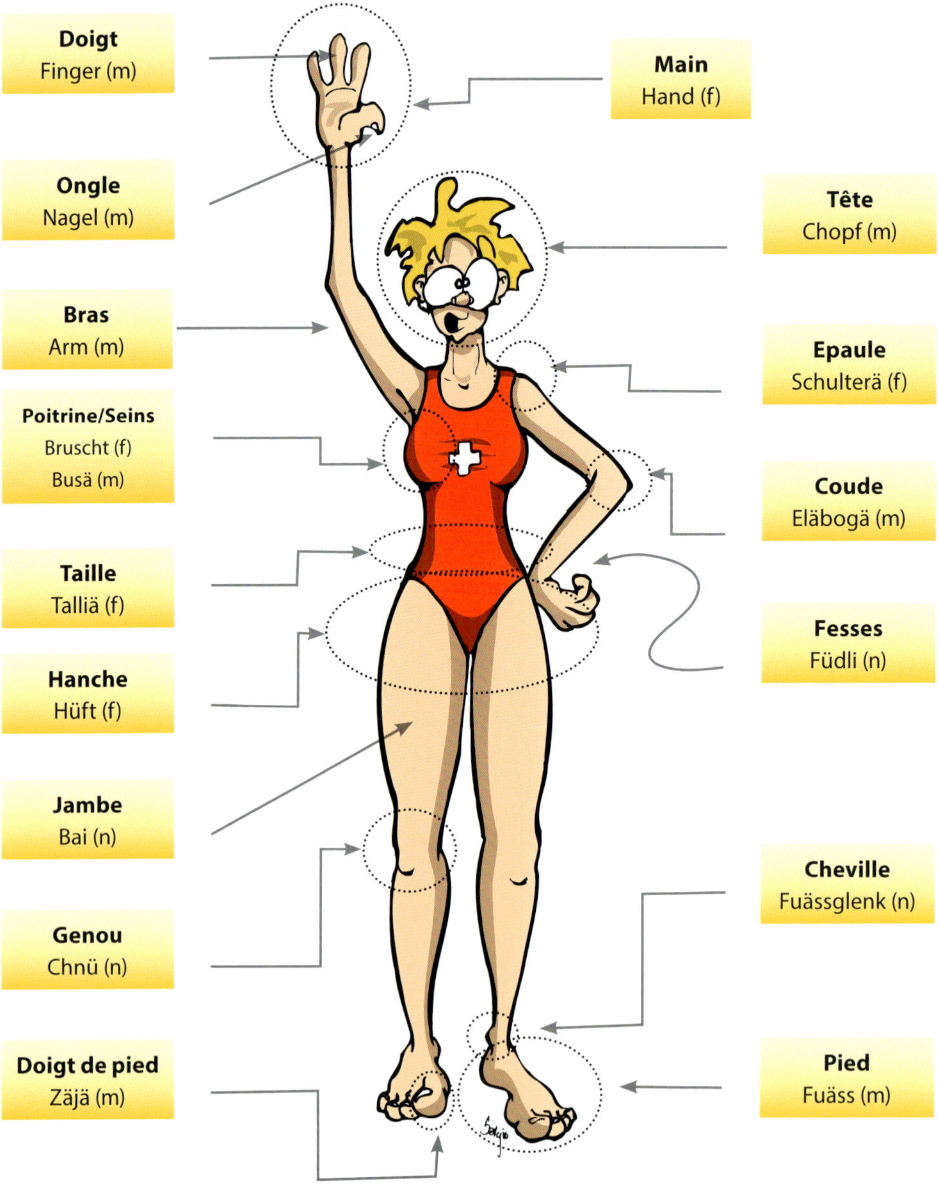

Doigt
Finger (m)

Ongle
Nagel (m)

Bras
Arm (m)

Poitrine/Seins
Bruscht (f)
Busä (m)

Taille
Talliä (f)

Hanche
Hüft (f)

Jambe
Bai (n)

Genou
Chnü (n)

Doigt de pied
Zäjä (m)

Main
Hand (f)

Tête
Chopf (m)

Epaule
Schulterä (f)

Coude
Eläbogä (m)

Fesses
Füdli (n)

Cheville
Fuässglenk (n)

Pied
Fuäss (m)

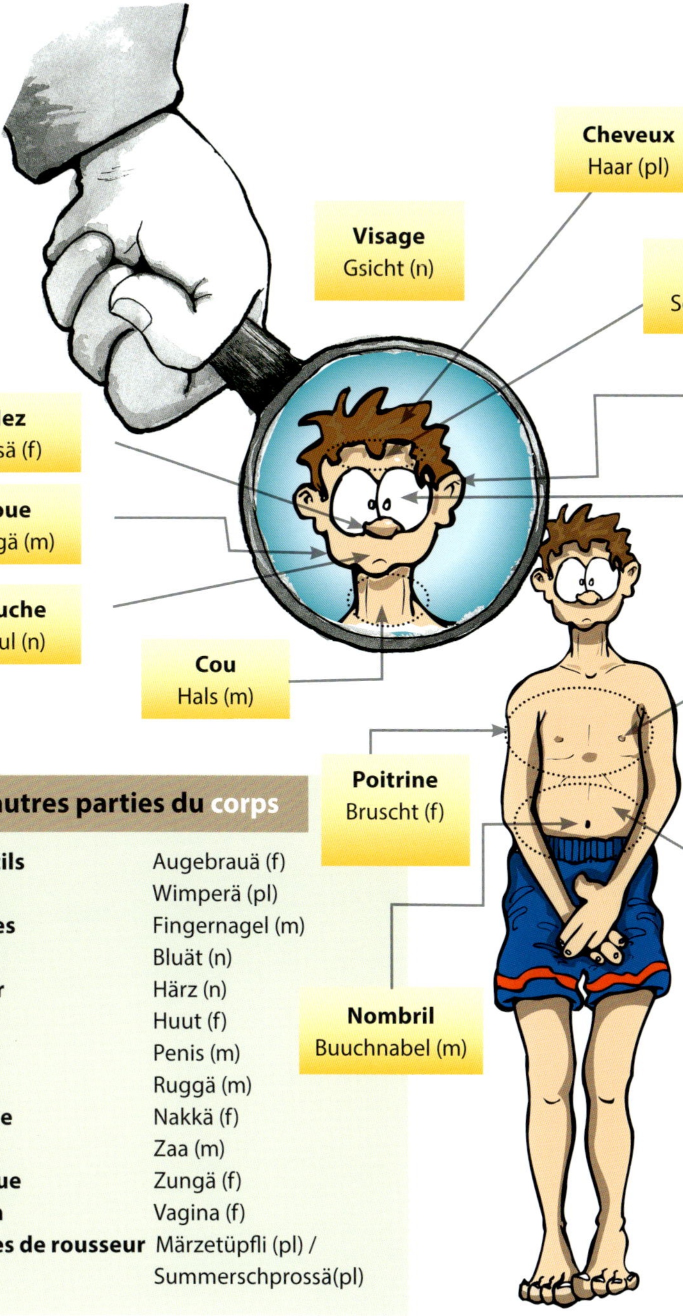

Cheveux
Haar (pl)

Visage
Gsicht (n)

Front
Schtirn (f)

Oreille
Oor (n)

Nez
Nasä (f)

Oeil
Aug (n)

Joue
Baggä (m)

Bouche
Muul (n)

Cou
Hals (m)

Mamelon
Bruschtwarzä (f)

Poitrine
Bruscht (f)

Ventre
Buuch (m)

Estomac
Magä (m)

Nombril
Buuchnabel (m)

D'autres parties du corps

Sourcils	Augebrauä (f)
Cils	Wimperä (pl)
Ongles	Fingernagel (m)
Sang	Bluät (n)
Coeur	Härz (n)
Peau	Huut (f)
Pénis	Penis (m)
Dos	Ruggä (m)
Nuque	Nakkä (f)
Dent	Zaa (m)
Langue	Zungä (f)
Vagin	Vagina (f)
Taches de rousseur	Märzetüpfli (pl) / Summerschprossä(pl)

SOYEZ ATTENTIFS! En Suisse allemand, seul le mot ***schmökkä*** (sentir) est utilisé, contrairement à l'allemand où l'on fait la différence entre ***riechen*** (sentir avec le nez) et ***schmecken*** (sentir avec le goût)

Les activités du corps

Les yeux

cligner des yeux	blinzlä
pleurer	brüälä hüüla
faire des clins d'oeil	zwinkerä
fixer	schtarrä
regarder	luägä
voir	gsee
Je suis myope.	Ich bi churzsichtig.
Je suis presbyte.	Ich bi wiitsichtig.

Les oreilles

écouter	losä
entendre	ghörä
bouger (les oreilles)	gwagglä (mit dä Oorä gwagglä)

La bouche

sourire	lächlä
rire	lachä
chuchoter	flüschterä
embrasser	küssä
sucer	lutschä
sucer / téter	sugä
parler	redä
bailler	gäänä
tousser	huäschtä
roter	görpsä
quand bébé fait son rot!	görpslä

Les mains

toucher	berüärä aalangä
presser	drukkä
enlacer	umarmä
secouer	schüttlä
joindre	faltä
prier	bätä
tenir	hebä
saisir / tenir	griiffä
tenir fermement	feschthebä

Le nez

sentir	schmökkä
se moucher	schnüüzä
(se) boucher (le nez)	zuähebä

La peau

rougir	rot werdä
sécher	uuströchnä
Chair de poule	Huänerhuut (f)
avoir la chair de poule	Huänärhuut übercho
avoir de l'urticaire	än Uus-schlag übercho
avoir des rides / se rider	Faltä übercho

LES SENTIMENTS

malade
chrank

ennuyé
glangwiilet

surpris
überrascht

froid
chalt

heureux
glükklich

étonné
erschtunt

inquiet / peureux
ängschtlich

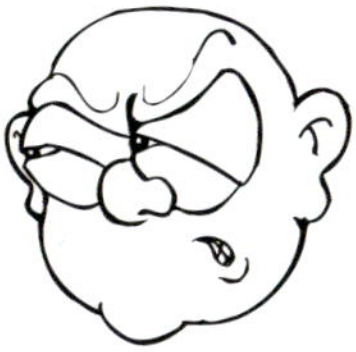

jaloux
ifersüchtig

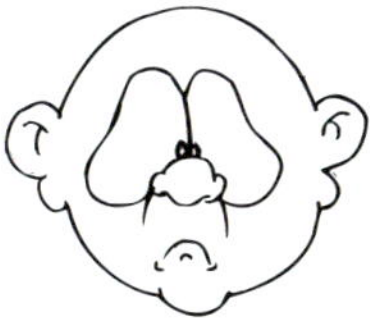

triste
truurig

gai
fröölich

détendu /cool
cool

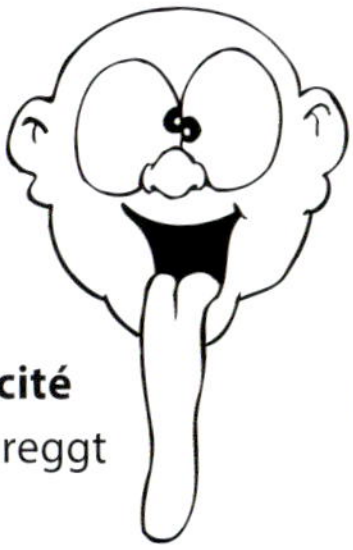

excité
uufgreggt

stressé
gschtresst

en colère / fâché
bös

Santé et sécurité

souffrant
schmärzhaft

content / heureux
froo / zfridä

amusant / drôle
luschtig / wizzig

confortable / cosy
haimelig / gmüätlich

fatigué
müäd / schlapp / schlöfrig

bête
blööd / doof / tumm

chou / mignon
härzig

de mauvaise humeur
hässig

inquiet
besorgt

fou
verrukkt / gaga / irr

déprimé
depressiv

D'autres sentiments

inquiet / peureux	ängschtlich
mal	schlächt
désespéré	verzwiiflet
déçu	enttüscht
gênant / humiliant	piinlich
envieux	niidisch
bien	guet
reconnaissant	dankbar
solitaire	ainsam
timide	schüch
énergique	energisch
excité	schpizz giggerig

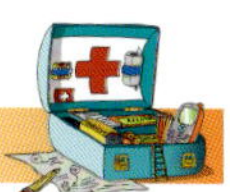

Expressions suisses

Il n'est pas si facile d'interpréter les expressions des Alémaniques. Voici quelques illustrations pour vous aider à les déchiffrer.

SUISSE HEUREUX

SUISSE TRISTE

SUISSE FÂCHÉ

SUISSE DÉTENDU

SUISSE FOU

EN CAS D'URGENCE

Urgences

Une avalanche!	Ä Lawinä!
Attention!	Achtung!
Appelez une ambulance!	Ruäfed Sii än Chrankäwagä!
Appelle une ambulance!	Rüäf än Chrankäwagä!
Appelez / appelle la police!	Lütet Sii dä Polizai a! / Lüt dä Polizai a!
Est-ce que quelqu'un peut téléphoner à un médecin, s'il vous plaît?	Chann öpper amenä Arzt aalütä?
Quelqu'un me poursuit!	Öpper verfolgt mich!
Faites attention! / Soyez prudents!	Passed Sii uuf!
Fais attention! / Sois prudent!	Pass uuf!
Nous avons besoin d'un médecin!	Mir bruched än Arzt!
Au feu!	Füür!
Au secours!	Hilfe (f)!
Vite!	Schnäll!
Je suis diabétique.	Ich bi Diabetiker / in.
Elle est enceinte.	Sii isch schwanger.
Je suis enceinte.	Ich bi schwanger.
Y a-t-il un médecin ici?	Isch än Arzt da?
Il s'agit d'une urgence!	Äs isch än Notfall!
Sautez! Saute!	Gumped Sii! Gump!
Pousse-toi!	Gang uf Ziitä!
Courrez!	Ränned Sii!
Cours!	Ränn!
Au voleur!	Diäb!
Où se trouve la pharmacie la plus proche?	Wo isch di nächscht Apothek?
Eloignez-vous! Laissez-moi/nous passer!	Gönd Sii wäg! / Gönd Sii uf Ziitä! / Gang wäg!

A LA POLICE

Police

On m'a volé mon porte-monnaie.	Mis Portmonee isch gschtolä wordä.
Je veux annoncer le vol de mon/ma ...	Ich möcht mis gschtolne... meldä.
Vous devriez aller à la police.	Sii söttet zu dä Polizai gaa.
Tu devrais aller à la police.	Du söttsch zu dä Polizai gaa.
On m'a volé quelque chose!	Ich bi beschtolä wordä!
J'ai vu ce qui s'est passé.	I ha gsee, was passiert isch.
Quelle est la raison de cette amende?	Für was isch diä Puäss?
Combien coûte cette amende?	Wiä vill choschtet diä Puäss?
Où est le poste de police le plus proche?	Wo isch dä nächscht Polizaiposchtä?
Pouvez-vous appeler la police, s'il vous plaît?	Chönd Sii bitte dä Polizai aalütä?

Quelques objets fréquemment volés:

Porte-monnaie	Portmonee (n)
Vélo	Velo (n) (Welo)
Attaché-case	Mappä (f)
Sac	Täschä (f)
Sac à main	Handtäschli (n)
Ordinateur portable	Laptop (m)
Téléphone mobile / Natel	Händi (n) / Natel (n)

D'autres mots utiles se trouvent à la page 72.

Douane et immigration

Autorisation	Bewilligung (f)
Autorisation de séjour	Genemigung (f)
Visa	Wisum (n)
Etranger / étrangère	Usländer/in (m/f)
Frontière	Gränzä (f)
déclarer	verzollä
entrer (dans le pays)	iiraisä
sortir (du pays)	uusraisä
un visa valable	äs gültigs Wisum
prolonger un visa	äs Wisum verlängerä
Autorisation de séjour	Ufenthaltsgenemigung (f)
Demander un visa	äs Wisum beaträgä
Quel type de visa avez-vous?	Was für äs Wisum händ Sii?
J'aimerais travailler en Suisse.	Ich möcht i dä Schwiiz schaffä.
J'ai quelque chose à déclarer.	Ich ha n'öppis z'verzollä.
Je n'ai rien à déclarer.	Ich ha nüt z'verzollä.
Avez-vous quelque chose à déclarer?	Händ Sii öppis z'verzollä?
Comment / où puis-je demander un visa?	Wiä / Wo chann ich äs Wisum beaträgä?
J'aimerais rester trois mois en Suisse.	Ich möcht drü Mönät i dä Schwiiz bliibä.
Je suis marié/e à un Suisse / à une Suissesse.	Ich bi mit ämä Schwiizer / ärä Schwiizerin ghüratä.

Les autorisations de séjour pour les étrangers sont les suivantes:

1. **C-Bewilligung (permis C):** une autorisation d'établissement, qui permet un séjour illimité en Suisse. Il s'obtient, suivant le pays d'origine, après 5 ou 10 ans de séjour en Suisse.

2. **B-Bewilligung (permis B):** une autorisation de séjour valable une année, renouvelable. Pour les personnes en provenance de l'UE, elle est valable 5 ans.

Suite à la page suivante...

3. **L-Bewilligung (permis L):** permis de travail ou de séjour, pour une durée limitée, en général moins d'un an, pour des personnes séjournant en Suisse dans un but précis, avec ou sans activité lucrative.

4. **G-Bewilligung (permis G):** permis frontalier. Les personnes en provenance de l'UE peuvent circuler et travailler librement partout en Suisse. Pour les personnes d'autres origines, ce permis est délivré à la condition que les personnes disposent d'une autorisation d'établissement dans le pays voisin.

5. **Turischtävisum (visa touriste):** il permet le séjour en Suisse, sans exercer d'activité lucrative, valable en général 3 mois.

Pour plus d'informations: **www.bfm.admin.ch**

FAIRE DES ACHATS

Mots clés

Département	Abtailig (f)	**Magasin**	Ladä (m)
Sortie	Usgang (m)	**Marque**	Markä (f)
Soldes	Uusverchauff (m)	**Sortie de secours**	Notusgang (m)
commander	pschtelä	**ouvert**	offä
Librairie	Büächerladä (m)	**ouvrir**	uufmachä
	Buächhandlig (f)	**Prix**	Priis (m)
Entrée	Iigang (m)	**Rabais**	Rabatt (m) /
Cabas à commission	Iichaufs-Täschä (f)	**Prix réduit**	reduziertä Priis
Centre commercial	Ichaufszentrum (n)	**protester / réclamer**	schimpfä / mozzä
Magasin d'électricité	Elektrogschäft (n)	**fermer**	zuämachä
fermé	zuä	**Se plaindre**	sich beklagä / chlönä
Caissier	Kassierer (m)		
Caissière	Kassiererin (f)	**Sécurité**	Sicherhait (f)
faire des achats / acheter	poschtä / chauffä	**vendre**	verchauffä

SOYEZ ATTENTIFS! Les grandes chaînes proposent toutes des cartes-clients, pour étudier le comportement des consommateurs. On vous demandera donc souvent à la caisse, si vous avez la carte-client ou si vous collectionnez les points. Des réponses possibles sont: ***Nai, ich ha kai ... -Chartä*** (Non, je n'ai pas de carte-client) ou ***Ja, gärn*** (oui volontiers).

Phrases clés pour les achats

(aller) faire du shopping	lädälä
Avez-vous …?	Händ Sii…?
Je cherche …	Ich suächä…
Combien cela coûte-t-il?	Wiä vill choschtet das? / Wiä tüür isch das?
A quelle heure ouvrez-vous?	Wänn mached Sii uuf?
Quand fermez-vous?	Wänn mached Sii zuä? Ab wänn händ Sii zuä?
Avez-vous quelque chose de moins cher?	Git's au öppis Günschtigers?
C'est cher!	Das isch tüür!
Pouvez-vous me donner …?	Chönd Sii mir…gä?
Acceptez-vous les cartes de crédit?	Nämed Sii Kreditchartä?
Est-ce que je peux essayer cela?	Chann ich das mal probierä?
Quelle est la durée de la garantie?	Wiä lang gits Garantii?
Je veux être remboursé!	Ich will mis Gäld zrugg!
Je prends ceci.	Ich nimm's.
Je ne fais que regarder.	Ich luägä nu echli.
Où est la sortie de secours?	Wo isch dä Notusgang?
J'ai besoin d'un sac en plastique / d'un cabas.	Ich bruchä än Plastiksakk / ä Tragtäschä.
Est-ce que vous avez la même chose en plus grand / plus petit?	Händ Sii das au grösser / chlinner?
Pouvez-vous me faire une quittance, s'il vous plaît?	Chönd Sii mir ä Quittig gee, bitte?

LES VÊTEMENTS

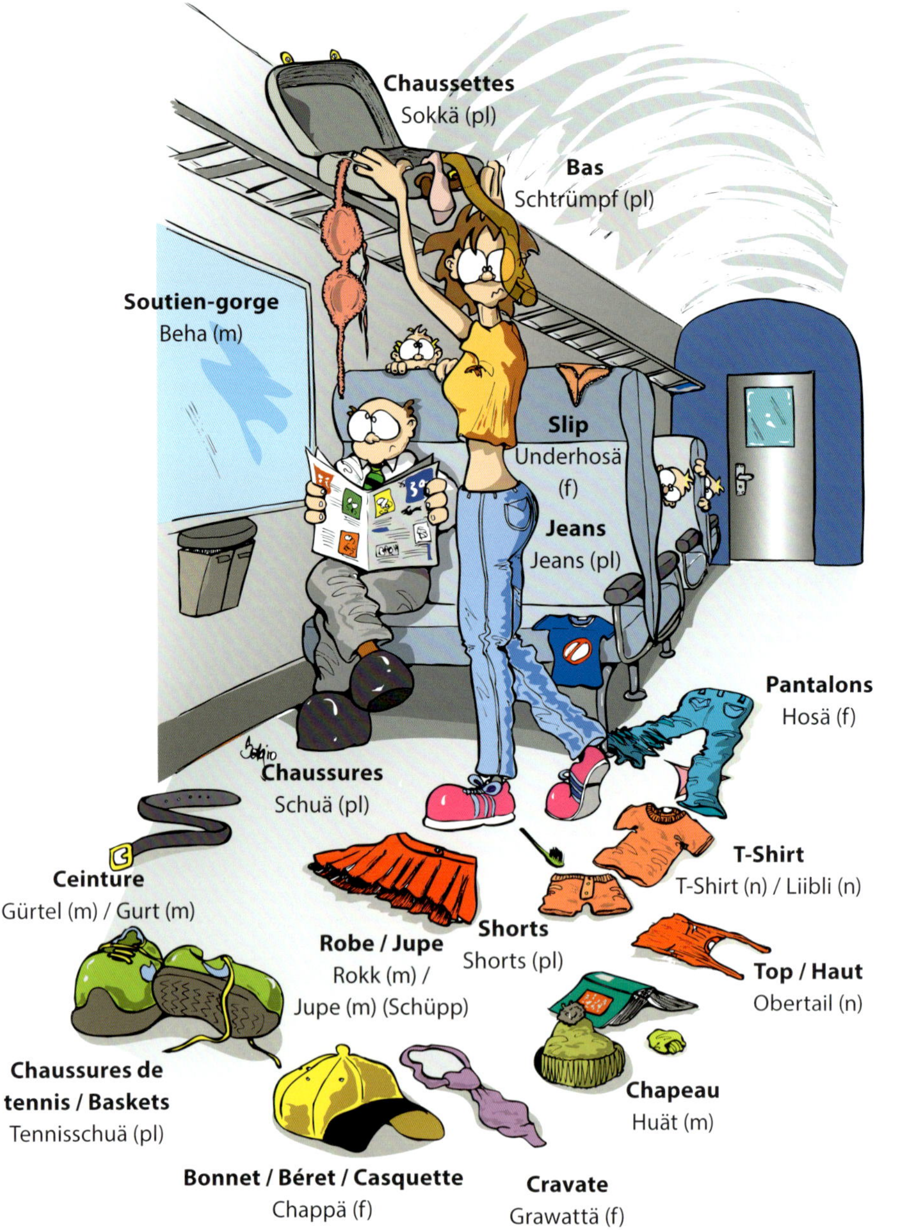

Chaussettes
Sokkä (pl)

Bas
Schtrümpf (pl)

Soutien-gorge
Beha (m)

Slip
Underhosä (f)

Jeans
Jeans (pl)

Pantalons
Hosä (f)

Chaussures
Schuä (pl)

Ceinture
Gürtel (m) / Gurt (m)

T-Shirt
T-Shirt (n) / Liibli (n)

Shorts
Shorts (pl)

Robe / Jupe
Rokk (m) /
Jupe (m) (Schüpp)

Top / Haut
Obertail (n)

Chaussures de tennis / Baskets
Tennisschuä (pl)

Chapeau
Huät (m)

Bonnet / Béret / Casquette
Chappä (f)

Cravate
Grawattä (f)

Vêtements et accessoires

Robe de soirée / Tenue de soirée	Aabigchlaid (n)
habillé	aazogä
mettre	aaziiä
Blouse	Blusä (f)
Porte-monnaie	Portmonee (n)
Gants	Häntschä (pl)
Chemise	Hämp (n)
Veste / Veston	Jagge (f)
Robe	Chlaid (n)
Vêtements	Chlaider (pl)
Bouton	Chnopf (m)
Complet	Deux-Pieces (n) (Dö Piäss)
Complet / Costume	Koschtüm (n)
Col	Chragä (m)
à manches courtes	churzärmlig
à manches longues	langärmlig
Manteau	Mantel (m)
Echarpe / Châle	Schal (m) / Tuäch (n)
Sous-vêtements	Underwösch (f)

Les matières

Les matières les plus usuelles sont:

Coton	Baumwule (f)
Cuir	Läder (n)
Lin	Liinä (f)
Nylon	Nylon (m)
Polyester	Polyester (m)
Soie	Sidä (f)
Laine	Wulä (f)

ARGENT ET BANQUE

Argent

retirer (de l'argent)	abhebä
dépenser	uusgä
Banque	Bank (f)
Compte bancaire	Bankkonto (n)
Billet de banque	Banknotä (f)
Cash	Cash (m) / Bargäld (n)
payer	zalä
Emprunt	Darleä (n)
Dépôt / Garantie	Depot (n) / Hinderlegig (f)
Carte EC / Maestro	EC-Chartä (f)
Postcard*	Poschtchartä (f)
Revenu	Iikomä (n)
Salaire	Loon (m)
Argent	Gäld (n)
investir de l'argent	Gäld inweschtierä
gagner de l'argent	Gäld verdiänä
Bancomat **	Bankomat (m)
Investissement	Inweschtizion (f)
	Inweschtierig (f)
Carte de crédit	Kreditchartä (f)
Pièce	Münzä (f)
Profit	Profit (m)
Centime	Rappä (m)
Guichet	Schalter (m)
Chèque	Schegg (m)
Francs suisses	Schwiizer Frankä (m)
épargner	schparä
Compte d'épargne	Schparkonto (n)
transférer	überwiisä
Signature	Unterschrift (f)
Déficit / Perte	Verluscht (m)
Devise	Wäärig (f)
Monnaie	Münz (n)
Taux de change	Wächselratä (f)
Paiement	Zalig (f)
Taux d'intérêt	Zins (m)

* carte bancaire de la poste suisse

** distributeur automatique

Phrases clés pour le change et la banque

Quel est le taux de change aujourd'hui pour de la livre anglaise / du dollar / de l'euro
Wiä isch hüt dä Wächselkurs für Britischi Pfund / Dollar / Euro?

Pouvez-vous me changer ce billet?
Chönd Sii mir das Nötli wechslä?

Pouvez-vous me donner de la monnaie pour ce billet?
Chönd Sii mir das i Münz wächslä?

Je n'ai pas d'argent.
Ich ha kai Gäld.

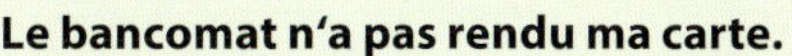

Le bancomat n'a pas rendu ma carte.
Dä Gäldautomat hätt mini Chartä iäzogä!

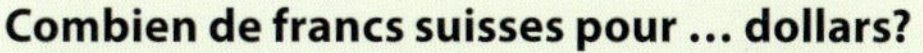

Combien de francs suisses pour ... dollars?
Wiä vill Frankä chumm ich für... Dollar über?

J'aimerais ouvrir un compte bancaire / un compte épargne Ich möcht äs Bankkonto / Schparkonto erröffnä.

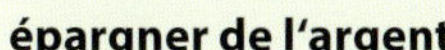

épargner de l'argent
Gäld schparä / Gäld uf Ziitä legä / Gäld uf di höch Kantä legä

LES TRANSPORTS

Voyager

Expressions de base

Un billet pour ..., s'il vous plaît?	Äs Bilet uf..., bitte.
Combien coûte un billet pour ...?	Wiä vill choschtet s'Bilet uf...?
A la fenêtre / dans le couloir	am Fänschter / bim Gang
non-fumeur	Nichtraucher (m)
aller simple / aller-retour	eifach / hi und zrugg / hi und retour (rötur)
Billet aller-retour	Retourbilet (Röturbilet)
Est-ce que je dois changer?	Muäs ich umschtigä?
Où est-ce que je dois changer?	Wo muäs ich umschtiigä?
Le train / le bus a du retard	Dä Zug / Bus hätt Verschpötig.
à pied	z`Fuäss
en voiture / à vélo	mit äm Auto / äm Velo
en avion / en train	mit äm Flugzüg / äm Zug
Le vol est annulé	Dä Flug isch anuliert.
Où puis-je trouver un taxi?	Wo hätt's äs Taxi?

Suite à la page suivante...

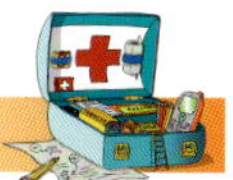

Expressions de base

J'ai perdu mon billet.	Ich ha mis Bilet verlorä.
J'ai acheté le mauvais billet.	Ich ha s`falsch Bilet kauft.
Est-ce que le train / le bus s'arrête à ...?	Haltet dä Zug / Bus bi... / in...?
A quelle heure est le prochain train pour ...?	Wänn faart dä nächschti Zug uf...?
Est-ce que c'est le train / le bus pour ...?	Isch das dä Zug / Bus uf...?
A quelle heure arrive le train de ...?	Wänn chunnt dä Zug vo...aa?
Sur quelle voie part le train pour ...?	Uf welläm Glais faart dä Zug uf...?

Les questions du contrôleur:

-Ali Bilet bitte!
Tous les billets, s'il vous plaît!

-Wohär chömed Sii? / Wo sind Sii iigstigä?
D'où venez-vous? Où êtes-vous monté?

-Woannä faared Sii?
Où allez-vous?

-Händ Sii äs gültigs Bilet?
Avez-vous un billet valable?

SOYEZ ATTENTIFS!

Les annonces officielles se font en général en allemand. Si vous n'avez pas compris, vous pouvez demander poliment:
Entschuldiged Sii, was hätt er/siie gsait?
(excusez-moi, qu'est-ce qu'il/elle a dit?)

CONSEIL

Il existe différentes formes de billet qui permettent de voyager à des tarifs réduits. Les offres les plus courantes sont:

GA (Abonnement général): un abonnement qui permet d'utiliser (presque) tous les transports publics en Suisse pendant une année. Il existe pour la première et la deuxième classe.

Halbtax (abonnement demi-tarif): cet abonnement permet de voyager à demi-tarif dans les trains et à tarif réduit dans les bus.

Tages-chartä: une carte journalière, qui permet de circuler librement pendant une journée.

Familiä-chartä: la carte famille, qui offre des tarifs réduits pour les enfants.

Site web: **www.cff.ch**

Expressions utiles pour voyager

Départ	Abrais (f)
descendre du bus	us äm Bus uusschtigä
Autoroute	Autobaan (f)
Gare	Baanhof (m)
Essence	Bänzin (n) /
Essence (familier)	Moscht (m)
Billet de bus	Busbilet (n)
Arrêt de bus	Bushalteschtell (f)
Billet de train	Zugbilet (n)
Quai	Perron (n)
Avion	Flugzüg (n)
Billet d'avion	Flugzüg-Tikket (n)
Permis de conduire	Faaruuswis (m)
	Bilet (n)
Bagages	Gepäkk (n)
Limitation de vitesse	Gschwindigkaits-begränzig (f)
Quai	Glais (n)
monter dans le bus	in Bus iischtigä
atterrir	landä
partir / démarrer	abfaarä
Passager	Passagier (m)
	(Passaschier)
Voiture	Auto (n)
Aller très / trop vite	rasä
Aire autoroutière	Raschtplazz (m)
Restoroute	Raschtschtettä (f)
Espace / Place	Ruum (m)
Passeport	Pass (m)
réserver	reservierä
Sac à dos	Rukksakk (m)
Plan de ville	Schtadtplan (m)
Tram	Tram (n)
Station service	Tankschtell (f)
Touriste	Turischt (m)
	Turischtin (f)
Retard	Verschpötig (f)
Train	Zug (m)

DIRECTIONS

Expressions de base

à gauche	nach linggs
à droite	nach rächts
à l'angle	um (dä Eggä)
par-dessus (le pont, le passage sur-voie)	über (d'Brugg, d'Überfüerig)
… rues plus loin.	...Schtrassä wiitär
Je cherche…	Ich suächä...
Où? Dans quelle direction?	Wo? I wellerä Richtig?
Savez-vous où est …?	Wüssed Sii, wo...isch?
Sais-tu où est …?	Waisch du, wo...isch?
Pourriez-vous me dire où se trouve …?	Chönted Sii mir sägä, wo...isch?
Combien de temps faut-il pour y aller à pied?	Wiä wiit isch äs zum Lauffä
Allez tout droit jusqu'à l'église.	Gönd Sii graduus bis zu dä Chilä.
Marchez le long du fleuve.	Lauffed Sii am Fluss entlang.
le long de la route	dä Schtrass entlang
Je crois que je me suis perdu.	Ich glaub, ich ha mich verloffä.

Suite à la page suivante…

Expressions de base

Montez!	Gönd Sii ufä!
Descendez!	Gönd Sii abä!
Montez l'escalier!	d'Schtägä ufä
Descendez l'escalier!	d'Rollträppä abä
Traversez la rue!	Gönd Sii über d'Schtrass.
C'est loin / près?	Isch äs wiit / nöch?
derrière la maison	hinder s'Huus
devant la maison	vor s'Huus
à travers le marché	dur dä Märt durä
jusqu'à la gare / jusqu'à l'église	bis zum Baanhof / zu dä Chilä
(passez) à côté de l'école	a dä Schuäl verbii
sortez du village	us äm Dorf usä
entrez dans le village	is Dorf inä
pas loin du tout	nur än Chazzäschprung / nöd wiit

Mots clés

là-bas	deet
tout droit	graduus
là	da
en haut	ufä
en bas	abä
Carte	Chartä (f)
gauche	linggs
droite	rächts
Plan de ville	Schtadtplan (f)

Quelques éléments pour s'orienter

Pont	Brugg (f)
Coin	Eggä (m)
Cathédrale	Katedraale (f)
Eglise	Chilä (f)
Croisement	Chrüüzig (f)
Mosquée	Moschee (f)
Ecole	Schuäl (f) / Schuälhuus (n)
Route	Schtrass (f)
Feux de signalisation	Amplä (f)
Synagogue	Synagogä (f)

Les prépositions les plus importantes

à	a(m)	**avec**	mit
sur	uf	**après**	nach
hors de	us	**à côté de**	näbäd
près de	bi	**sans**	ooni
jusqu'à	bis	**par-dessus**	über
à travers	dur(ch)	**autour de**	um
le long	entlang	**sous**	under
pour	für	**de**	vo
contre	gägä	**devant**	vor
en face	gägänüber	**à / jusqu'à**	zu
derrière	hinder	**entre**	zwüschä(d)
dans	in		

Expressions de base

Avez-vous encore des chambres libres?	Händ Sii no Zimmer frei?
Une chambre simple / double.	Äs Ainzel- / Doppelzimmer.
Avec vue sur le lac / la mer.	Mit Seesicht / Meersicht.
Pouvez-vous me réveiller par téléphone?	Chönd Sii mich telefonisch wekkä?
J'aimerais faire le check-out.	Ich möcht uus-tschäggä.
La clé de la chambre ..., s'il vous plaît.	Dä Schlüssel fürs Zimmer..., bitte.
Combien est-ce que cela coûte par nuit?	Wiä vill choschtets pro Nacht?
Je reste ... nuits.	Ich bliibe (für)...Nächt.
J'aimerais ... réserver.	Ich möcht...buächä.
Une chambre calme, s'il vous plaît.	Äs ruigs Zimmer, bitte.
Une chambre avec bain, s'il vous plaît.	Äs Zimmer mit Bad, bitte.
Avec douche à l'étage, s'il vous plaît.	Mit Etageduschi, bitte.
Auberge de jeunesse	Jugendhärbärg (f)
J'ai réservé une chambre pour ...	Ich hann äs Zimmer für...reserviert.
Est-ce que le petit-déjeuner est inclus dans le prix?	Isch dä Zmorgä im Priis inbegriffä?
A partir de quelle heure le petit-déjeuner est-il servi?	Wänn chammär Zmorgä ässä?

Mots clés pour l'hôtel

Check-out (faire le)	uus-tschäggä
Literie	Bettaazug (m)
Concierge	Consierge (m)
faire le check-in	iitschäggä
Ascenseur	Lift (m)
Salle de fitness	Fitnessruum (m)
Demi–pension	Halbpension (f)
Serviette	Tüächli (n)
Coussin	Chüssi (n)
Hall	Lobbi (f)
Pantoufles	Finkä (pl)
Réception	Rezepzion (f)
Piscine	Schwümmbad (n)
Pension complète	Vollpension (f)
Service de réveil	Wekkaaruäf (m)

À LA CAMPAGNE

Géographie

Montagne	Bärg (m)
Canton	Kanton (m)
Village / Petit village	Dörfli (n)
Champ	Fäld (n)
Fleuve	Fluss (m)
Géographie	Geografii (f)
Sommet	Gipfel (m)
Colline	Hügel (m)
Ile	Inslä (f)
Continent	Kontinänt (m)
Pays	Land (n)
Mer	Meer (n)
Lac	See (m)
Etat	Schtaat (m)
Ville	Schtadt(f) City (f)
Vallée	Taal (n)
Forêt	Wald (m)
Chemin	Wäg (m)
Monde	Wält (f)

La neige

Equipement	Uusrüschtig (f)	**Prof de ski**	Schiileerer (m) Schiileererin (f)
Piste de débutant	Idiotähügel (m)	**Téléski**	Schiilift (m)
Jolie skieuse	Schneehäsli (n)	**Ecole de ski**	Schiischuäl (f)
Je skie volontiers	Ich faarä gärn Schii.	**Souliers de ski**	Schiischuä (m)
faire du ski de fond	langloifflä	**Faire du snowboard**	snöbä / bordä
luger	schlittlä	**snowboarder / boarder**	Snowboard faarä
faire du patin à glace	schliifschüändlä		
faire de la raquette	Schneeschuä lauffä	**Bâtons de ski**	Schtökk (pl)
Télésiège	Sässelilift (m)	**faire de la randonnée à ski / faire de la peau de phoque**	Schiiturä machä
Ski	Schii (m)		
faire du ski	schiifaarä		

D'autres expressions à propos de la neige

Après-ski	Après-Ski (n) (Aprä Schii)
Je fais du snowboard.	Ich bin än Snöbär.
Hors–piste	ab dä Pischtä
Est-ce que tu es un bon snowboardeur?	Chasch du guät snowboard faarä?

Voyager

Les activités à la montagne

conduire / faire de la voiture	Auto faarä
camper	kämpierä
Vélo	Velo (n) (Welo)
Emplacement pour faire du feu	Füürschtell (f)
faire du parapente	Glaitschirm flügä
Altimètre	Höämeter (m)
marcher	lauffä
Pic-nique	Picnic (n)
Couteau de poche / Canif	Sakkmässer (n)
faire de la randonnée	wanderä
Souliers de marche	Wanderschuä (pl)
Sentier pédestre	Wanderwäg (m)
Panneau indicateur	Wägwiiser (m)
camper	zältä

1. Si vous êtes passionné de montagne, devenez membre de la ***Rega*** (compagnie de sauvetage).

2. Les sentiers pédestres sont indiqués par de petits panneaux ou des losanges jaunes.

site web: **www.rega.ch**

D'autres expression à propos de la montagne

Est-ce que c'est raide?	Isch äs schtail?
Est-ce que c'est encore loin jusqu'au sommet?	Wiä lang gaat's no bis zum Gipfel?
Le restaurant est à quelle distance?	Wiä wiit isch äs no bis zu dä Baiz?

LES LOISIRS

OPERA

Maintenant avec encore plus de drame

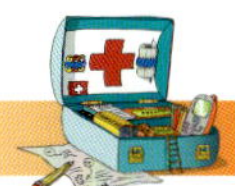

Expressions de base

Quels sont vos hobbies?	Was sind Iri Hobis?
Quels sont tes hobbies?	Was sind dini Hobis?
Que faites-vous pendant votre temps libre?	Was mached Sii i Irerä Freiziit?
Que fais-tu pendant ton temps libre?	Was machsch i dinerä Freiziit?
Quelle est votre activité favorite?	Was mached Sii am liäbschtä?
Quelle est ton activité favorite?	Was machsch am liäbschtä?
J'aime bien faire la cuisine / manger / voyager.	Ich chochä / ässä / raisä gärn.
Quel est ton plat favori?	Was isch dis Liäblingsässä?
Je collectionne les timbres.	Ich sammlä Briäfmarkä.
J'aime écouter de la musique.	Ich losä gärn Musig.
J'aime regarder la télévision.	Ich luäg gärn Fernse.
J'aime écouter de la musique classique.	Ich losä gärn klassischi Musig.
J'aime jouer au golf / du piano / du violon.	Ich schpilä gärn Golf / Klavir / Giigä.
Je vais au fitness deux fois par semaine.	Ich gang (zwaimal pro Wuchä) is Fitness.
J'aime lire des romans / des bandes-dessinées / le journal.	Ich läsä gärn Romän / Comics / d'Ziitig.
Je fais régulièrement du jogging / de la course à pied.	Ich tschoggä regelmässig.

CONSEIL

Pour parler de ce qu'ils aiment, les Suisses allemands utilisent volontiers l'adverbe **gärn** (bien), qui suit le verbe. ***Ich ässä gärn Bananä*** (j'aime bien les bananes). Le verbe allemand **mögen** est peu usité.

Mots clés

Exposition	Uus-schtellig (f)
Livre	Buäch (n)
Disco	Disco (f)
Evénement	Event (m) / Aalass (m)
Fête	Fäscht (n)
pêcher	fischä / anglä
jouer au foot	tschutä
Humour	Humoor (m)
Concert	Konzärt (n)
lire	läsä
Magie	Zauberai (f)
Musique	Musig (f)
Opéra	Operä (f)
collectionner	sammlä
nager	schwümä
Jeu	Schpiil (n)
jouer	schpilä / gämblä schpilä /geimä
Plage	Schtrand (m)
danser	tanzä
Zoo	Zoo (m)
Divertissement	Unterhaltig (f)
faire de la planche à voile	Wind sörfä
Gag / Plaisanterie	Wizz (m)
faire de la magie	zaubärä

Traditions et coutumes helvétiques

Carnaval	Fasnacht (f)
sonner du cor des Alpes	Alphorn blasä
lancer du drapeau	Faanäschwingä
tirer à l'arbalète	Armbruscht schüssä
traire	mälchä
sculpter (sur bois)	schnizzä
jodler	jodlä
faire de la lutte	schwingä
jeter la pierre (à Unspunnen)	Schtai stossä
faire tourner une pièce dans un bol	Taler schwingä
Accordéon	Handörgeli (n) / Schwiizer Örgeli (n)
faire du fromage	chäsä
Musique traditionnelle / Ländler	Ländler (m) / Hudigägeler
jouer au jass	jassä

LA FAMILLE

Arbre généalogique

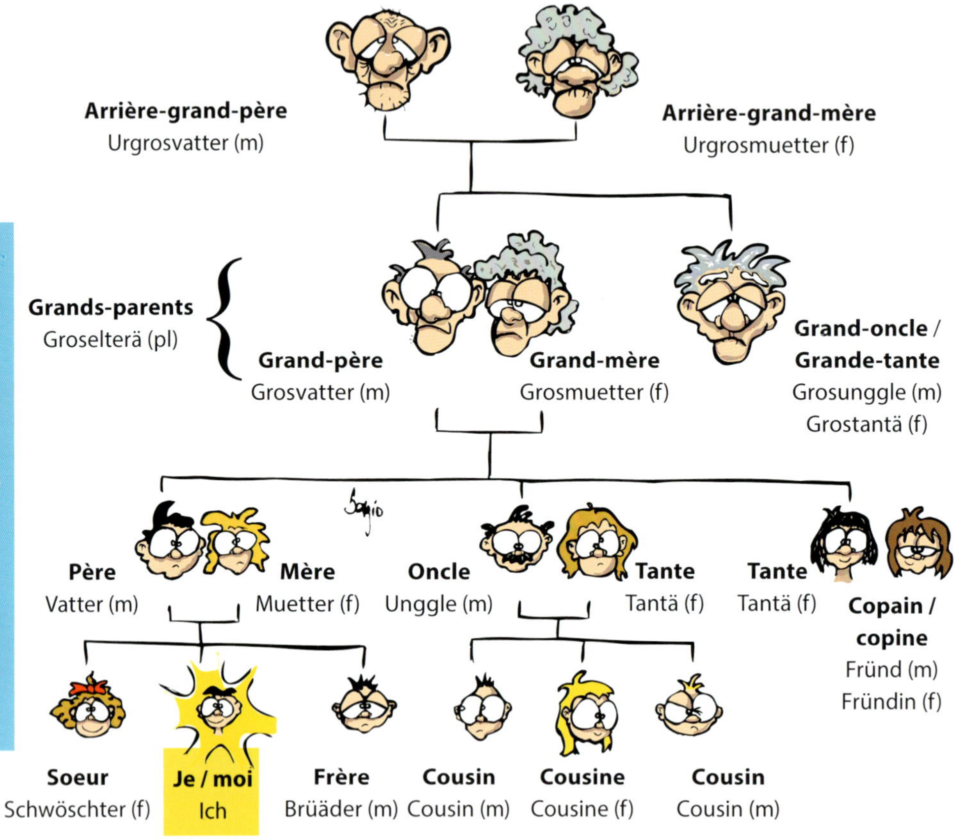

Arrière-grand-père
Urgrosvatter (m)

Arrière-grand-mère
Urgrosmuetter (f)

Grands-parents
Groselterä (pl)

Grand-père
Grosvatter (m)

Grand-mère
Grosmuetter (f)

Grand-oncle / Grande-tante
Grosunggle (m)
Grostantä (f)

Père
Vatter (m)

Mère
Muetter (f)

Oncle
Unggle (m)

Tante
Tantä (f)

Tante
Tantä (f)

Copain / copine
Fründ (m)
Fründin (f)

Soeur
Schwöschter (f)

Je / moi
Ich

Frère
Brüäder (m)

Cousin
Cousin (m)

Cousine
Cousine (f)

Cousin
Cousin (m)

L'état-civil

		fiancé	verlobt
Etat-civil	Zivilstand (m)	**marié**	verhüratet
célibataire	ledig	**séparé**	trännt
	single	**divorcé**	gschidä

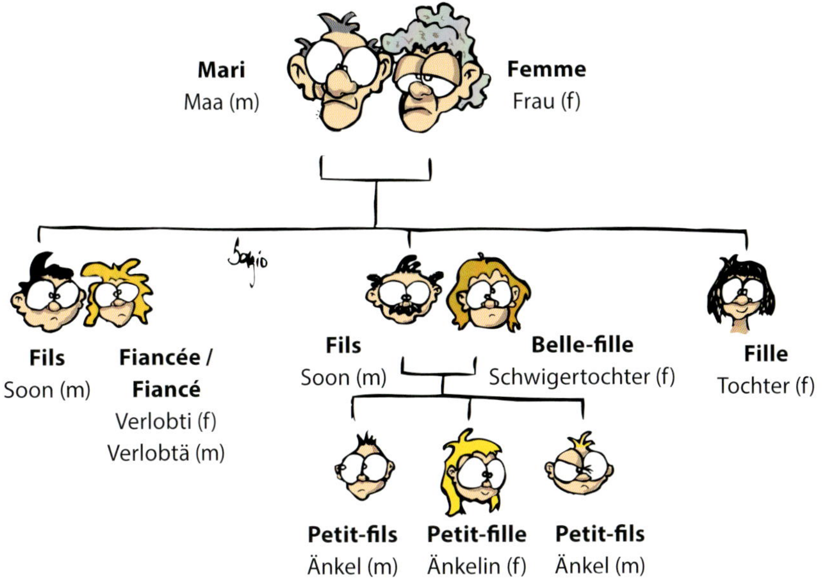

D'autres expressions pour la famille

Petits-enfants *	Gros-chind (n)
Frères et soeurs	Gschwüschterti (pl)
Neveu	Näffä (m)
Nièce	Nichtä (f)
Beau-frère	Schwager (m)
Belle-mère	Schwigermuetter (f)
Beau-fils	Schwigersoon (m)
Belle-soeur	Schwögerin (f)
Beau-père	Schwigervatter (m)
Parenté	Verwandti (pl)
Jumeau	Zwilling (pl)

* s'utilise même au singulier

Encore la famille

Fête de famille	Familiäzämäkunft (f) /
Fête de famille (considérée négativement)	Familiäschluuch (m)
Nous sommes parents.	Mir sind verwandt.
Ma famille est importante pour moi.	Mini Familiä isch mir wichtig.
Je suis quelqu'un d'attaché à la famille.	Ich bin än Familiämänsch.
Mon frère s'appelle …	Min Brüäder haisst…
La maison familiale	Elterähuus (n)
Ma famille habite à …	Mini Familiä läbt in…
Salue ta famille de ma part.	Grüäss dini Familiä vo mir.
Comment va ta famille?	Wiä gat's dinerä Familiä?
Nous allons avoir un enfant!	Mir chömed äs Chind über!

LES BÉBÉS

Quelques mots clés

sucer son pouce	am Dumä suggelä
Lit d'enfant	Chinderbettli (n)
Biberon	Schoppä (m)
Nourriture pour bébé	Babynaarig (f)
Bouillie	Breili (n)
donner le biberon	dä Schoppä gä
vacciner	impfä
Pédiatre	Chinderarzt (m) / Chinderärztin (f)
Jardin d'enfant	Chindsgi (m)
Poussette	Chinderwagä (m)
Peluches	Plüschtierli (n)
compter les moutons	Schäfli zälä
Balançoire	Giraitsi (pl) Gigampfi (n)
Doudou	Nuschi (n)
Lolette	Nuggi (m)
allaiter	schtillä
Barboteuse	Schtrampelazug (m)
Porte-bébé	Tragtuäch (n)
pleurer	brüälä
Pièce à langer	Wickelzimmer (n)
Langes	Windlä (pl)
changer les langes	Windlä wechslä
faire ses dents	zaanä
Histoire avant d'aller au lit	Guetnacht-gschichtli (n)

Phrases clés

Avez-vous un frigo où je pourrais stocker ce lait?
Händ Sii än Chüälschrank, damit ich mini Milch uf-phaltä chann?

Pouvez-vous me réchauffer ce biberon?
Chönd Sii mir dä Schoppä wärmä?

Où est-ce que je peux changer mon bébé?
Wo chann ich mis Baby wikklä?

Où puis-je allaiter mon bébé en paix?
Wo chann ich mis Baby ungschtört schtillä?

Avez-vous une chaise pour enfants?
Händ Sii än Hochschtuäl?

Y a-t-il une division pour les enfants?
Gitt's da ä Chinderabteilig?

Y a-t-il une place de jeu dans les environs?
Gitt's i dä Nächi än Schpillplazz?

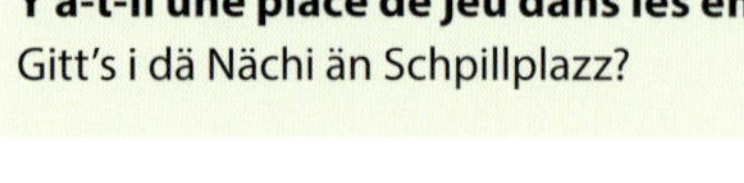

LES ÂGES

Petit garçon
Büäbli (n)

Petite fille
Maitli (n)

Garçon
Buäb (m)

Fille
Mait(ä)li (n)

Ado(lescent)
Teeni (m)

Adulte
Erwachsenä (m)

Jeune homme
Purscht (m)
jungä Maa (m)

Jeune femme / Demoiselle
jungi Frau (f)
Frölain (n)

Adultes
Erwachseni (f)

Vieille dame
alti Frau (f)

Vieil homme
altä Maa (m)

LA MAISON

Maison
Huus (n)

Cheminée
Chämi (n)

Antenne parabolique
Satellitäschüsslä (f)

Toit
Tach (n)

Arbre
Baum (m)

Rideau
Vorhäng (pl)

Mur
Wand (f)

Fenêtre
Fänschter (n)

Chéneau
Tachrinnä (f)

Marquise
Sunätach (n)

Porte
Tüür (f)

Balcon
Balkon (m)

Escalier
Schtägä (f)

Jardin
Gartä (m)

Boîte aux lettres
Briäfchaschtä (m)

Chemin
Wäg (m)

Gazon
Rasä (m)

Tondeuse à gazon
Rasämäier (m)

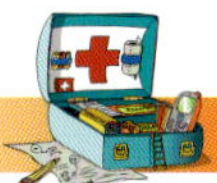

Les parties de la maison

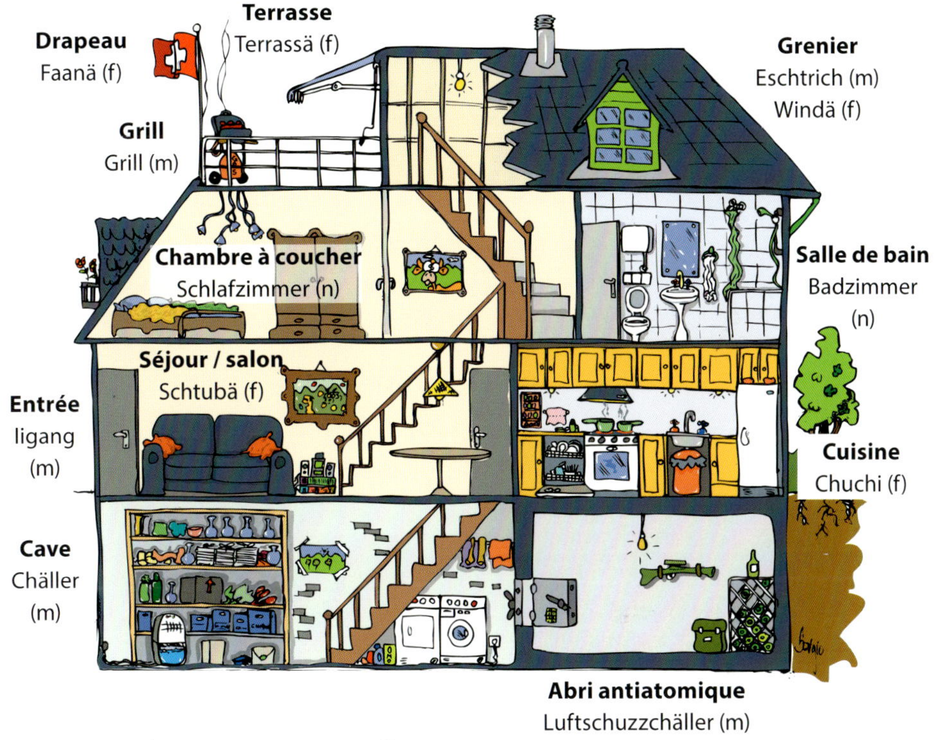

Terrasse
Terrassä (f)
Drapeau
Faanä (f)
Grill
Grill (m)
Grenier
Eschtrich (m)
Windä (f)
Chambre à coucher
Schlafzimmer (n)
Salle de bain
Badzimmer (n)
Séjour / salon
Schtubä (f)
Entrée
Iigang (m)
Cuisine
Chuchi (f)
Cave
Chäller (m)
Abri antiatomique
Luftschuzzchäller (m)

Dernier étage
dä oberschti Schtokk
Premier étage
dä erschti Schtokk
Rez-de-chaussée
Partär (n)
Sous-sol / Cave
Undergschoss (n)
Chäller (m)

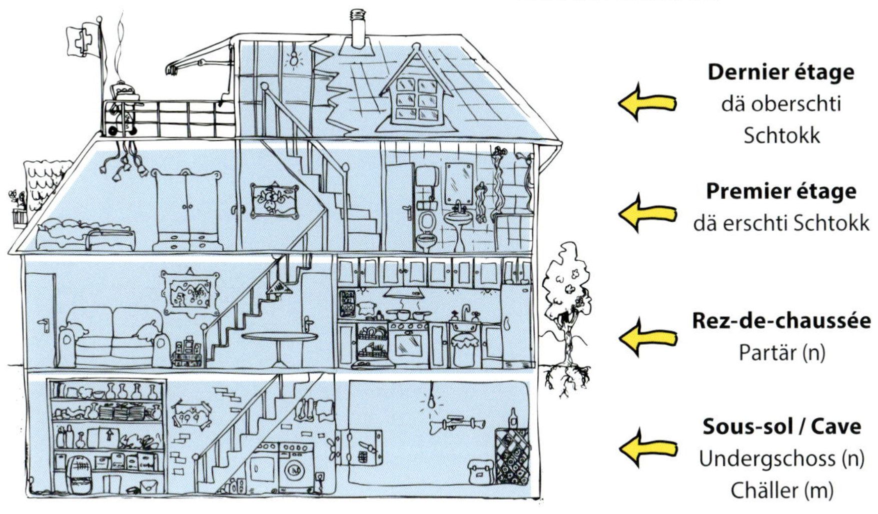

Habiter

Les accessoires de cuisine

Poubelle	Apfall(chübel) (m)	**Micro-ondes**	Mikrowälä (f)
Services	Pschtekk (n)	**Four**	Ofä (m)
Poêle	Bratpfanä (f)	**Casserole**	Pfanä (f)
Bocal à confiture	Gomfiglas (n)	**Boîte**	Schachtlä (f)
Fourchette	Gablä (f)	**Bol**	Schüsslä (f)
Vaisselle	Gschirr (n)	**Serviette**	Serviettä (f)
Machine à laver	Abwöschmaschine (f)	**Chaise**	Schtuäl (m)
Verre	Glas (n)	**Tasse**	Tassä (f)
Cuisinière	Härd (m)	**Cuillère à thé**	Teelöffeli (n)
Caisse	Chischtä (f)	**Assiette**	Täller (m)
Desserte	Chuchiablagä (pl)	**Congélateur**	Tüfchüäler (m)
Frigo / Réfrigérateur	Chüälschrank (m)	**Table**	Tisch (m)
Couteau	Mässer (n)	**Nappe**	Tischtuäch (n)
		Set de table	Tischmattä (f)
		Robinet	Haanä (m)

D'autres parties de la maison

Réduit	Apschtellruum (m)	**Bâtiment**	Geboide (n)
Construction ancienne	Altbau (m)	**Chambre d'enfant**	Chinderzimmer (n)
Sol	Bodä (m)	**Nouvelle construction**	Noibau (m)
Hall / Entrée	Iigangshallä (f)	**Parking souterrain**	Tüüfgarasch (f)
Salle à manger	Ässzimmer (n)	**Corridor**	Gang (m)
Garage	Garasch (f)	**Entrée / Hall**	Vorhallä (f) / Vorruum (m)

Dans la salle de bain

Baignoire	Badwannä (f)
Affaires de la salle de bain	Badzimmersachä (pl)
Lotion corporelle	Körperlozioon (f)
Brosse	Bürschtä (f)
Déodorant	Deo (m)
Douche	Duschi (f)
Rideau de douche	Duschvorhang (m)
Crème pour les mains	Handcrème (f)
Serviette pour les mains	Tüächli (n)
Peigne	Schträäl (m)
Trousse de toilette	Necessaire (n) (Nessessär)
(Affaires de) maquillage	Schminkzüg (n)
Lame de rasoir	Rasiärklingä (f)
Savon	Soiffä (f)
Miroir	Schpiägel (m)
Papier de toilette	WC-Papier (n)
Balance	Waag (f)
Lavabo	Brüneli (n) / Lavabo (n)
Brosse à dents	Zaabürschteli (n)
Dentifrice	Zaapaschtä (f)

Couverture de lit	Bettdekki (f)
Duvet/ Edredon	Duvet (n) (Düwe)
Bibliothèque	Büächergschtell (n)
Fer à repasser	Bügälisä (n)
Télécommande	Fernbediänig (f)
Garde-robe	Gardäröbä (f)
Coussin	Chüssi (n)
Cintre	Chlaiderbügel (m)

Autres objets domestiques

Couvre-lit	Bettuäch (n)
Armoire	Chaschtä (m)
Bureau	Pult (n)
Tiroir	Schubladä (f)
Prise électrique	Schtekker (m)
Sonnette	Huusgloggä (f)

LES VOISINS ET LES GÉRANCES

A la recherche d'un appartement

Chambre meublée	möblierts Zimmer
Appartement meublé	möblierti Wonig (f)
Situation calme	ruigi Lag (f)
Liste des défauts	Mängellischtä (f)
Avez-vous un appartement à louer?	Händ Sii ä Wonig z'vermietä?
Je cherche un appartement bon marché.	Ich suächä ä billigi Wonig.
Est-ce que l'appartement est calme / grand / lumineux?	Isch d'Wonig ruig / gross / sunig?
Connaissez-vous quelqu'un qui a un appartement à louer?	Känned Sii öpper, wo ä Wonig z'vermietä hätt?
Connais-tu quelqu'un qui a un appartement à louer?	Kännsch öpper, wo ä Wonig z'vermietä hätt?

L'habitat

(Appartement d') une-pièce	Ainzimmerwonig (f)
Propriétaire	Huus-psizzer (m)
	Huus-psizzerin (f)
Duplex	Maisonette-Wonig (f)
Appartement à louer	Mietwonig (f)
Voisins	Nachbarä (pl)
Administration	Verwaltig (f)
Deux-pièces	Zwaizimmerwonig (f)
Un appartement dans les combles	Tachwonig (f)
	Attikawonig (f)

Soyez attentifs!

De bonnes relations avec le voisinage simplifient considérablement la vie quotidienne. Les buanderies communes sont souvent cause de dissensions. Il vaut la peine d'aller se présenter lorsqu'on s'installe, d'annoncer les fêtes (le mieux étant d'inviter les voisins) et de respecter les règles de maison.

La lessive

repasser	glettä
Lessive	Wösch (f)
laver	wäschä
Sèche-linge	Tumbler (m) (Tömbler)
Corbeille à linge	Zaine (f)
Buanderie	Wöschchuchi (f)
Machine à laver	Wöschmaschine (f)
Poudre à lessive	Wöschmittel (n)
Planning des lessives	Wöschplan (m)
Sac à lessive	Wöschsakk (m)
Jour de lessive	Wöschtag (m)

Bavardages avec les voisins

Merci de fermer la porte d'entrée!	Bitte mached Sii d'Huustür zuä!
Où puis-je mettre les poubelles?	Wo chann ich dä Apfall hiituä?
J'aimerais dormir.	Ich möcht schlafä.
Je suis votre nouveau voisin.	Ich bin Irä noi Nachbar. (m)
Je suis votre nouvelle voisine.	Ich bin Iri noi Nachbarin. (f)
Pourriez-vous faire moins de bruit, s'il vous plaît?	Chönd Sii bitte echli ruig si?
Aimeriez-vous venir boire un café chez nous?	Möchtet Sii mal zu ois zum Kafi cho?

Phrases clés en matière immobilière

Je veux emménager en ...	Ich will im…iiziä.
Je veux quitter l'appartement en ...	Ich will im…uusziä.
C'est ainsi que cela se présentait lorsque nous avons emménagé.	So hätt's usgsee, wo mir iizogä sind.
Ce ... est cassé.	Dä…isch kaputt.
Il faut encore faire l'état des lieux.	Mir müänd no äs Abgabeprotokoll machä.
Pouvez-vous faire venir un ouvrier?	Chönd Sii bitte än Handwerker pschtelä?
Quand pouvons-nous signer le contrat / bail?	Wänn chömmer dä Vertrag underschriibä?
J'ai des problèmes avec les voisins.	Ich ha Problem / Krach mit dä Nachbarä.

Les questions à poser au bailleur

Quel est le montant du loyer?	Wiä höch isch d'Mieti?
Qu'est-ce qui est compris dans le loyer?	Was isch i dä Mieti inbegriffä?
Avez-vous une cave / un grenier?	Händ Sii än Chäller / ä Windä...?
Combien coûte une place de parc par mois?	Wiä vill choschtet än Parkplazz pro Monät?
Quel est le délai de résiliation?	Wiä lang isch Kündigungsfrischt?
Où puis-je faire ma lessive?	Wo chann ich mini Wösch wäschä?
Quand est-ce que je peux faire la lessive?	Wänn chann ich wäschä?
Les animaux domestiques sont-ils autorisés?	Sind Huustier erlaubt?
Quel est le montant de la caution?	Wiä hoch isch d'Kauzion?
Prévoyez-vous d'augmenter le loyer?	Planned Sii, d'Mieti z'erhöchä?
Est-ce que je peux repeindre les chambres?	Chann ich d'Zimmer schtrichä?
Quand la maison a-t-elle été rénovée?	Wänn isch das Huus renoviert wordä?
Quand puis-je emménager?	Wänn chann ich iiziä?
Où est l'arrêt de bus le plus proche?	Wiä wiit isch äs bis zur nächschtä Bushalteschtell?
Y a-t-t-il une école / une place de jeu dans les environs?	Hätt's ä Schuäl / än Schpilplazz i dä Nöchi?
Est-ce que j'ai le droit d'utiliser la terrasse / le jardin?	Törf ich d'Terrassä / dä Gartä benuzzä?

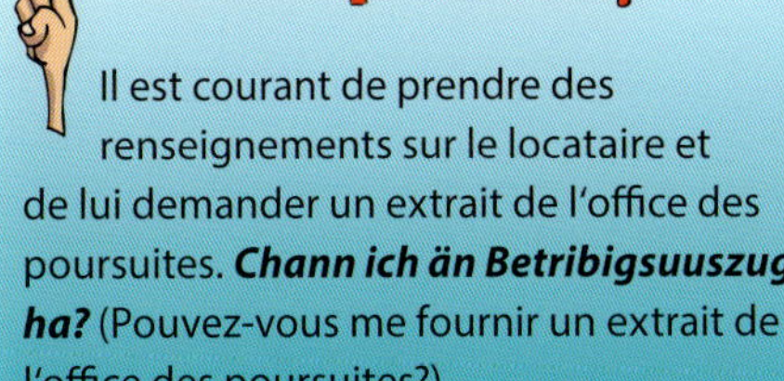

Soyez attentifs!

Il est courant de prendre des renseignements sur le locataire et de lui demander un extrait de l'office des poursuites. ***Chann ich än Betribigsuuszug ha?*** (Pouvez-vous me fournir un extrait de l'office des poursuites?).

Les questions du bailleur

Etes-vous marié?	Sind Sii verhüratet?
Avez-vous des animaux?	Händ Sii Huustier?
Oui, j'ai un chien / un cochon d'Indes.	Ja, ich ha än Hund / äs Meersoili.
Avez-vous un revenu fixe?	Händ Sii än feschtä Loon?
Combien gagnez-vous?	Wiä vill verdiäned Sii?
Je gagne … francs.	Ich verdiänä…Frankä.
Avez-vous des enfants?	Händ Sii Chind?
Quel âge ont-ils?	Wiä alt sind diä?
Jouez-vous d'un instrument?	Schpilled Sii äs Inschtrumänt?
Organisez-vous beaucoup de fêtes?	Mached Sii vill Partis?
Etes-vous étranger?	Sind Sii Usländer?
D'où venez-vous?	Vo wo chömed Sii?
Avez-vous eu des poursuites?	Sind Sii je betribä wordä?
Est-ce que vous fumez?	Rauched Sii?
Oui, je fume.	Ja, ich rauchä.
Non, je ne fume pas.	Nai, ich rauchä nöd.

LES CHIFFRES

ais 1	zwai 2	drü 3
vier 4	foif 5	sächs 6
sibä 7	acht 8	nün 9
*	null 0	#

Sternzeichä (n)

Gartähaag (m)

Nombres ordinaux	
trente	drissg
quarante	vierzg
cinquante	füfzg
soixante	sächzg
septante	sibäzg
huitante	achtzg
nonante	nünzg
cent	hundert
deux cents	zwaihundert
mille	tuusig
deux mille	zwaituusig
cent mille	hunderttuusig
Million	Million (f)
Milliard	Milliard (f)

Nombres ordinaux	
dix	zä
onze	elf
douze	zwölf
treize	drizä
quatorze	vierzä
quinze	füfzä
seize	sächzä
dix-sept	sibzä
dix-huit	achzä
dix-neuf	nünzä
vingt	zwänzg

Divers

Nombres cardinaux			
		sixième	sächst
premier	erscht	**septième**	sibät
deuxième	zwait	**huitième**	acht
troisième	dritt	**neuvième**	nünt
quatrième	viert	**dixième**	zät
cinquième	foift		

Autres nombres	
Pin-code / Numéro secret	Ghaimnummerä (f)
Nombres pairs	gradi Zaalä
égal / c'est égal	isch gliich / git
Nombre porte-bonheur	Glükkszaal (f)
Numéro de maison	Huusnummerä (f)
moins	minus
Numéro AVS	AHV-Nummerä (f)
Numéro de téléphone	Telefonnummerä (f)
Nombres impairs	ungradi Zaalä
Nombre porte-malheur	Unglükkszaal (f)
Numéro de police d'assurance	Versicherigsnummerä (f)

LES TOILETTES

Divers

Toilettes publiques

occupé	pszezt
Sèche-main	Händtröchner (m)
libre	frei
Serviette en papier	Papiertuäch (n)
Savon	Soiffä (f)
Toilettes	Toilettä (f) / WC (n)
Papier de toilette	WC-Papier (n)
Lavabo	Lavabo (n) / Brüneli (n)

Expressions de base

Où sont les toilettes?	Wo sind Toilettä (Tualettä)? Wo isch s'WC (Weze)? Wo isch s'Hüüsli?
Est-ce que je peux utiliser les toilettes?	Chann ich rasch uf d'Toilettä / uf s'WC?
Toilettes homme	Mannätoilettä (pl)
Toilettes femmes	Frauätoilettä (pl)
Avez-vous du papier de toilette?	Händ Sii WC-Papier?
As-tu du papier de toilette?	Häsch WC-Papier?
Où est la lumière des toilettes?	Wo isch's WC-Liächt?
Quel est le code des toilettes?	Wiä isch dä Kod für Toilettä / für's WC?

La formation

Mots clés

Maturité / Baccalauréat	Matur(a) (f)
Crayon	Bleischtift (m/n)
Livre	Buäch (m)
Plume	Fülli (n)
Ecole primaire	Primar(schuäl) (f)
Gymnase / Lycée / Collège	Gimi (n)
Ecole secondaire	Sek(undarschuäl) (f)
Devoirs	(Huus)ufgabä (pl)
Jardin d'enfant	Chindsgi (m)
Crèche	Chrippä (f)
Stylo	Chugi (m)
enseigner	lernä
Maître	Leerer (m)
Maîtresse	Leererin (f)
apprendre	leerä
tricher	pschissä
bosser / bachoter	büfflä
Pause	Pausä (f)
Examen / Épreuve	Prüäfig (f)
Gomme	Gummi (m)
Matériel pour écrire	Schriibzüg (m)
Cartable	(Schuäler)thek (m)
tricher / copier	schpikkä / abluägä
Test	Tescht (m)
Université	Uni(versität) (f)
Bulletin / Certificat	Zügnis (n)

EXPRESSIONS GÉNÉRALES

Termes généraux

Chose	Ding (n)
quelque chose	öppis
n'importe quoi	irgendöppis
n'importe comment	irgendwiä
quelque part	noimät
quelqu'un	öpper
parfois	mängisch
rien	nüt
Affaire	Sach (f)

Les mesures

long	lang
grand / une taille L	gross / äs 'L' (äl)
moyen / une taille M	mittler, äs 'M'(äm)
court	churz
large	wiit
grand	gross
petit / une taille S	chlii / äs 'S' (äs)

Les quantités

quelques / une paire	äs paar
quelques	ainigi
plus	mee
beaucoup	vill
peu	wenig
moins	weniger
trop	z'vill
trop peu	z'wenig

Le temps

bientôt	bald
tôt	früä
bientôt	grad /gli
maintenant	jezt
Instant	Momänt (m)
tard	schpaat

LES COULEURS

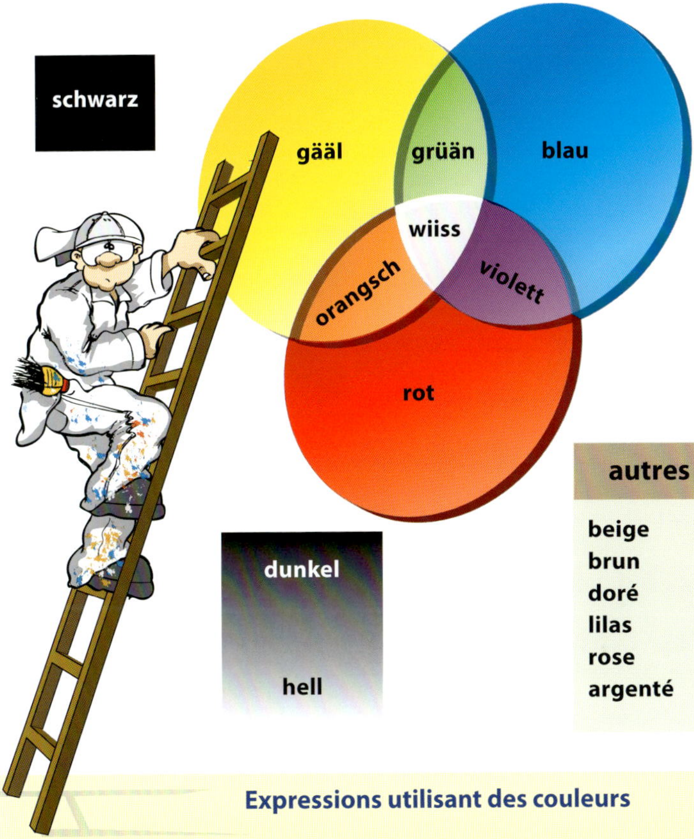

schwarz

gäál grüän blau

wiiss

orangsch violett

rot

grau

dunkel

hell

autres couleurs

beige	beige (bäsch)
brun	bruun
doré	goldig
lilas	lila
rose	rosa
argenté	silbrig

Expressions utilisant des couleurs

pas sec (vert) derrière les oreilles	grüän hinder dä Oorä
les pouces verts	än grüänä Tumä
s'énerver (voir noir)	schwarz gsee
Marché noir	Schwarzmärt (m)
avoir de la chance (au jeu) (avoir une main dorée)	ä goldigi Hand ha
être innocent (avoir une veste blanche)	ä wiissi Weschtä ha
être ivre / être bourré (être bleu)	blau / er isch blau
une personne que personne ne remarque (être une petite souris grise)	äs graus Müsli si
être naïf (tout voir à travers des lunettes roses)	alles dur ä rosaroti Brülä gsee

LES ANIMAUX

Oiseau
Vogel (m)

Cheval
Ross (n)

Poisson
Fisch (m)

Mouche
Flügä (f)

Vache
Chuä (f)

Chèvre
Gaiss (f)

Cochon
Sau (f)

Poule
Huän (n)

Chat
Chazz (f)
Büsi (n)

Lapin
Chüngel (m)

Chien
Hund (m)

Serpent
Schlangä (f)

Les animaux des Alpes

Aigle	Adler (m)
Choucas	Doolä (f)
Renard	Fuchs (m)
Chamois	Gäms (f)
Cerf	Hirsch (m)
Lynx	Luchs (m)
Fouine	Marder (m)
Souris	Muus (f) / Müsli (n)
Buse	Moisebussard (m)
Marmotte	Murmeli (n)
	Murmeltiär (n)
	Munggä (m)
Chevreuil	Ree (n)
Bouquetin	Schtaibokk (m)
Sanglier	Wildsau (f)
Loup	Wolf (m)

D'autres animaux

Singe	Aff (m)
Ours	Bär (m)
Lézard	Aidächsli (n)
Eléphant	Elefant (m)
Ane	Esel (m)
Hippopotame	Nilpferd (n) Flusspferd (n)
Coq	Güggel (m)
Crocodile	Krokodil (n)
Agneau	Lamm (n)
Lion	Loi (m)
Cochon d'Indes	Meersoili (n)
Rhinocéros	Nashorn (n)
Tortue	Schildchrot (f)
Taureau	Schtiär (m)
Tigre	Tiger (m)
Zèbre	Zebra (n)

Insectes

Fourmi	Amaisä (f)
Abeille	Biändli (n) / Bianä (f)
Mouche	Flügä (f)
Insecte	Insekt (n)
Coléoptère	Chäfer (m)
Cafard	Kakerlakä (f)
Moustique	Muggä (f)
Escargot	Schnägg (m)
Araignée	Schpinä (f)
Punaise	Wanzä (f)
Guêpe	Wäschpi (n)

LE TEMPS

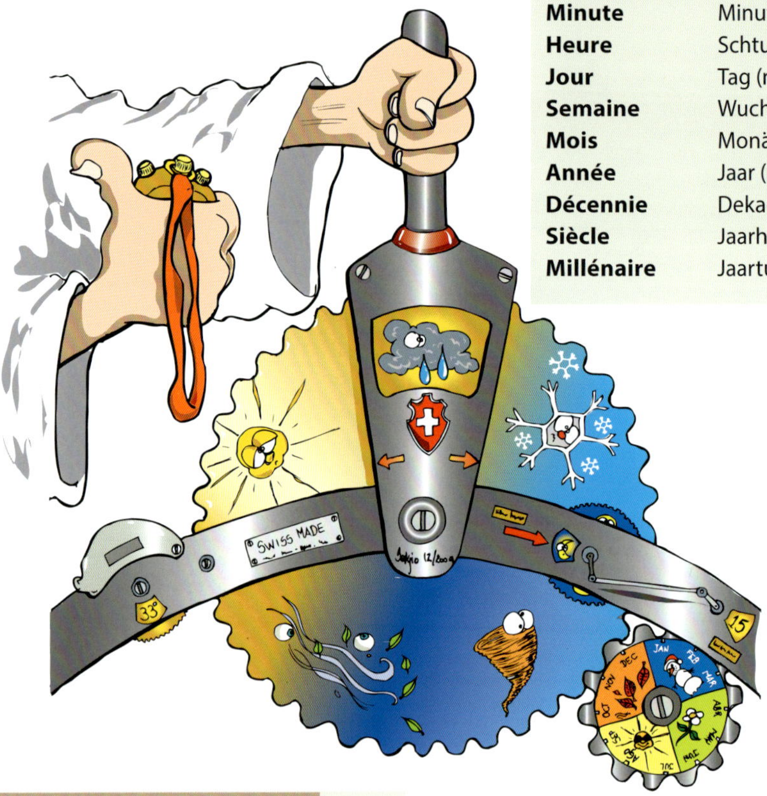

Les unités de temps

Seconde	Sekundä (f)
Minute	Minutä (f)
Heure	Schtund (f)
Jour	Tag (m)
Semaine	Wuchä (f)
Mois	Monät (m)
Année	Jaar (n)
Décennie	Dekadä (f)
Siècle	Jaarhundert (n)
Millénaire	Jaartuusig (n)

Les parties de la journée

Aube	Dämmerig (f) Morgädämmerig (f)
Matin	Morgä (m)
Midi	Mittag (m)
Après-midi	Namittag (m)
Soir	Aabig (m)
Tombée de la nuit	Dämmerig (f) Aabigdämmerig (f)
Nuit	Nacht (f)

Les saisons

Saison	Jaaresziit (f)
Printemps	Früälig (m)
Eté	Summer (m)
Automne	Härpscht (m)
Hiver	Winter (m)

Mots clés

Présent / Maintenant	Gägäwart (f)
hier	geschter
aujourd'hui	hüt
maintenant	jezt
demain	morn
après-demain	übermorn
passé (participe passé)	vergangä
Passé	Vergangähait (f)
avant-hier	vorgeschter
Week-end	Wuchänänd (n)
Futur	Zuäkumft (f)
à l'avenir / dès à présent	zuäkümftig

Les expressions du temps

Quelle heure est-il?	Wiä schpaat isch äs?
Avez-vous l'heure?	Was isch für Ziit?
Quand ...?	Wänn...?
Quand est-ce qu'on se voit?	Wänn träffämmär ois?
Quand allez-vous à ...?	Wänn gönd Sii uf..?
Quand vas-tu à ...?	Wänn gasch uf...?
Je suis désolé, je suis en retard.	Tuät mir Laid, ich bi z'schpaat.
Je serai dix minutes en retard.	Ich chumä zä Minutä z'schpaat.
Quel jour sommes-nous?	Welä Tag hämmer hüt?
Quelle est la date?	Was isch hüt für än Tag?
C'est quand?	Wänn isch das?
De quand à quand?	Vo wänn bis wänn?
Est-ce que vous avez le temps?	Händ Sii Ziit?
As-tu le temps?	Häsch Ziit?
chaque semaine / hebdomadairement	jedi Wuchä / wüchentlich
chaque mois / mensuellement	jedä Monät / monatlich
Quand est-ce que le film commence?	Wänn fangt dä Film aa?
Quelle est la durée du film?	Wiä lang gat dä Film? Wiä lang durät dä Film?
Le film commence à ...	Dä Film fangt am...aa.
Le film finit à ...	Dä Film hört am...uf.

Divers

Les mois, les jours de la semaine et les saisons sont au masculin, il faut donc utiliser ***dä: dä Januar, dä Mäntig, dä Früälig.***

Les jours de la semaine

Lundi	Mäntig (m)
Mardi	Ziischtig (m)
Mercredi	Mittwuch (m)
Jeudi	Dunnschtig (m)
Vendredi	Friitig (m)
Samedi	Samschtig (m)
Dimanche	Sunntig (m)

Pour donner des indications de temps, on utilise la préposition **am** (en allemand ce serait **um**), **am drü** (à trois heures), **am sächsi** (à six heures).

Les mois

Janvier	Januar (m)
Février	Februar (m)
Mars	März (m)
Avril	April (m)
Mai	Mai (m)
Juin	Juni (m)
Juillet	Juli (m)
Août	Auguscht (m)
Septembre	Septämber (m)
Octobre	Oktober (m)
Novembre	Novämber (m)
Décembre	Dezämber (m)

La plupart des Suisses ont une montre, pourtant il peut arriver qu'on vous demande ***Händ Sii ä Uur*** (avez-vous une montre?)? La réponse attendue sera l'heure qu'il est.

Dire l'heure

Punkt sächsi	föif ab sächsi	zä ab sächsi	Viertel ab sächsi	zwänzg ab sächsi

Föif vor halbi sibni	halbi sibni	föif ab halbi sibni

zwänzg vor sibni	Viertel vor sibni	zä vor sibni	föif vor sibni	Punkt sibni

LE TEMPS ET LA TEMPÉRATURE

Expressions de base

Le soleil brille.	D'Sunä schiint.
Il pleut.	Äs rägnät.
Il neige.	Äs schnait.
Il fait frais / il y a du brouillard / il fait humide.	Äs isch chüäl / näblig / füächt.
Il va pleuvoir.	Äs chunnt go rägnä.
Il fait chaud / froid aujourd'hui.	Hüt isch äs warm / chalt.
Il va faire plus froid.	Äs wird chüäl.
Le soleil va venir.	Dä Summer chunnt.
Le temps se découvre.	Äs tuät uf.
Foehn (un vent chaud du sud)	Föön (m)
Quelles sont les prévisions pour demain?	Wiä isch dä Wätterpricht für morn?

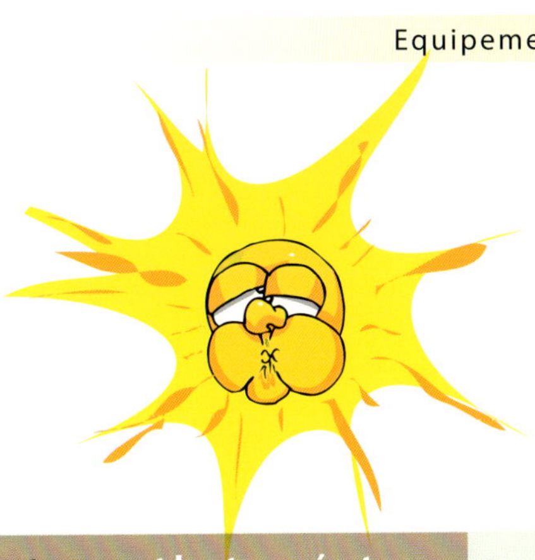

Le temps et les températures

Eclair	Blizz (m)
Tonnerre	Tunner (m)
humide	füecht
Orage	Gwitter (n)
Grêle / grêler	Hagel (m) / haglä
chaud	haiss
Chaleur	Hizz (f)
froid	chalt
Climat	Klima (n)
frais	chüel
Brouillard	Näbel (m)
Pluie / pleuvoir	Räge (m) / rägnä
Neige	Schnee (m)
Soleil	Sunä (f)
ensoleillé	sunig
Tempête	Schturm (m)
Température	Temperatur (f)
sec	trochä
chaud	warm
Temps	Wätter (n)
Prévisions météorolo-	Wätterpricht (m)
giques	Wätterpricht (m)
Vent	Wind (m)
nuageux / couvert	wolkig / bedekkt

Divers

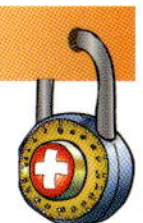

TROISIÈME PARTIE

DÉCODER LA LANGUE

L'ARGOT ALÉMANIQUE

Dans cette dernière partie, vous trouverez quelques mots et expressions typiques, utilisées dans un contexte familier. La jeune génération affectionne tout particulièrement ce style très familier.

Les provenances de ce 'langage jeune' sont diverses. Certains termes sont typiquement suisses, parfois métaphoriques (par ex. ***D'Ufzgi sind schoggi*** – les devoirs sont *chocolat* pour *faciles*). D'autres proviennent de langues étrangères, souvent l'anglais, et sont adaptés à la prononciation et à la morphologie helvétique (ainsi ***foodä*** pour manger). Le verbe sera ensuite conjugué comme un verbe normal.

Ce langage parlé change aussi vite que la mode. Certaines expressions font fureur et se répandent partout en très peu de temps, mais disparaissent aussi vite. Comme le 'langage jeune' se modifie continuellement, il est important d'être très attentif au langage utilisé par votre entourage pour pouvoir repérer de nouvelles expressions.

Quelques mots d'argot (Zurichois)

A

än Abgang machä	partir
Äs isch voll abgangä.	Il y avait une ambiance du tonnerre.
abgespaced	super, trop cool
abtanzä	danser toute la nuit / s'éclater en dansant
achozzä	ne pas avoir envie / 'emmerder'
anderscht (mega)	très / super
aschissä	ne pas avoir envie / 'faire chier'

B

(ina-)biigä	manger (beaucoup) / 'bouffer'
bö	aucune idée
brätschä	boire beaucoup
Buddle (f)	bouteille
büglä	travailler dur

C

Chämi (n)	un fumeur à la chaîne
Chazz(f)	jolie nana
chisä	vomir
Chischtä (f)	un million de francs
chluppä	voler
chnüttlä	travailler dur

D

deftig	super / excellent
derb	mauvais

Suite à la page suivante...

Quelques mots d'argot (Zurichois)

E

ebä	exactement
ee scho	naturellement / bien sûr

F

fägä	faire très plaisir
filzä	fouiller
foodä (fuudä)	manger
fridlich	cool / paisible
Frittä (f)	coiffure

G

gäch	super
gedigä	confortable / luxueux

H

hängä / umehängä	traîner
Hammer	incroyable
Hänger (m)	personne paresseuse
huerä	très / vraiment
Huscheli (n)	jeune fille timide

J

jentschtes / jeni	beaucoup

K

voll krass	très
kuul	cool
än Knall ha	être fou

L

Lappä (m)	cent francs / cent balles
Lungebröötli (n)	cigarette

M

mega	très
muffä	puer
muggä	voler
müzzä	dormir

N

nöd dicht	pas normal

P

plegerä	ne rien faire / traîner / se reposer
Primo (m)	une personne primitive
Puff (n)	désordre / 'bordel'

Suite à la page suivante...

Quelques mots d'argot (zurichois)

S

scheikä	danser toute la nuit / s'éclater en dansant
schiäf	bizarre
schlotä	fumer à la chaîne
Schnügel (m)	beau gosse
schoggi	facile
än Schönä	Bonne (journée, soirée)
schpüälä	oublier
schräg	bizarre
Schtuzz (m)	argent / 'fric'
(än mega) Schuss	jolie nana
smsle (äsämäslä)	envoyer des textos / 'smser'
so z'vill	superflu
Suchthuufä (m)	personne dépendante (alcool, tabac, drogue)
suuffä	boire beaucoup

T

Tonä (f)	mille francs
tscheggä	comprendre
tubä	s'en aller en courant
Turi (m)	touriste
tschillä	se reposer

U

us-tiggä	devenir fou

V

verarschä	tromper / 'se foutre de la gueule de quelqu'un'
verbokkä	ne pas réussir
verbrächä	faire une erreur idiote
verhäderet	chaotique, pas clair
verhängä	oublier
verhängt	raté
verhaizä	maltraiter
verhängtä Siäch	un type qui ne s'occupe de rien
(Prüefig) verhauä	rater (un examen)
versiächä	oublier / rater
versiffä	oublier
voll edel	très beau / 'super beau'

W

waisch wo?	sûrement pas! / 'cours toujours!'
Was gaat ap?	qu'est-ce qui se passe?

Z

zäme!	salut tout le monde!
ziä	boire quelque chose / acheter
zupfä	partir / s'en aller

HELVÉTISMES

Les expressions typiques sont des aspects importants d'une langue et constituent un héritage culturel pour toute société. Elles sont particulièrement intéressantes parce qu'elles reflètent souvent un aspect joueur et créatif de l'utilisation de la langue, et cela est particulièrement vrai en suisse allemand. Comme il s'agit d'une langue principalement parlée, les nouvelles expressions ne s'en trouvent que plus rapidement consacrées. Dans cette partie, vous trouverez des expressions typiques et quelques helvétismes.

Helvétisme	Traduction littérale	Signification
Er/sii isch uusgraschtet.	Il/elle a explosé.	Il/elle a pété un câble.
Er/sii hätt ä langi Laitig.	Il/elle a une longue ligne.	Il/elle comprend lentement / 'il/ elle est long/ue à la comprenette'.
Ufs Gratwool	Au hasard	Avec la possibilité de …
Da lit dä Hund begrabä.	C'est là qu'est enterré le chien.	Là est le problème.
Das isch kais Honigschläkkä.	C'est pas du miel à lécher.	C'est une affaire difficile.
Er/sii hätt nümmä alli Tassä im Schrank.	Il/elle n'a pas toutes les tasses dans l'armoire.	Il/elle n'est pas normal/e.
Er/sii isch rächt blauoigig.	Il/elle a les yeux bleus.	Il/elle est naïf/ve.
Das isch kain Schläkk.	C'est pas du sucre à lécher.	C'est difficile.
S'Hinterletscht	Le dernier des derniers	Le plus incroyable (dans un sens très négatif)
Er/sii kännt nüt.	Il/elle ne connaît rien.	Il/elle essaie malgré tous les obstacles.
Er/sii hätt alles gä.	Il/elle a tout donné.	Il/elle a fait un maximum.
Er/sii isch scharf uf sii/in.	Il/elle est fort/e pour lui/elle.	Il/elle le/la désire (sexuellement).
Vo Tutä und Blasä kai Aanig	Aucune idée de comment jouer du pipeau.	N'avoir aucune idée / être très naïf.
ufläsä	ramasser	trouver
Ä schpizzi Zungä	avoir une langue pointue	être direct / être mauvaise langue
Er/sii hätt's sii/in abgschleppt.	Il/elle l'a entraîné/e	Il/elle l'a ramené/e à la maison / il/elle a passé la nuit avec elle/lui.

Helvétisme	Traduction littérale	Signification
Häsch än Knall?	As-tu un boum?	Tu es fou?
Bisch durä bi rot?	Tu as traversé au rouge?	Tu es devenu fou?
Ais um s'ander wiä z'Paris.	Un truc après l'autre comme à Paris.	Un après l'autre / à la queue-leu-leu
Än Schprung i dä Schüsslä	Une fêlure dans le bol	fou
Gat's no!	ça ne va pas?	sûrement pas!
Ämenä gschänktä Gaul luägt mär nöd is Muul.	On ne regarde pas la bouche d'un cheval donné.	On ne critique pas un cadeau.

Helvétisme	Traduction littérale	Signification
ufglaisä	remettre sur les rails	commencer
Ich drukk dir dä Tumä.	Je te tiens les pouces.	Je te souhaite bonne chance.
Diä / Dä chammer dä Buggel aberutschä.	Il/elle peut me glisser au bas du dos.	Il/elle m'est complètement égal/e.
Er/sii macht kain Wank.	Il/elle ne fait plus un geste.	Il/elle ne bouge plus.
Hans was Hairi	Pierre ou Jacques.	Cela m'est égal.
Er/sii macht d'Fuscht im Sakk.	Il/elle fait le poing dans la poche.	Il/elle est fâché/e sans le dire.
Cervelat-Promi	Une célébrité de la saucisse.	Quelqu'un qui aimerait être célèbre.
Schikki-Mikki	Une personne élégante	snob
Sii haltet zäme wiä Päch und Schwefel.	Ils tiennent ensemble comme le goudron et le souffre	Ce sont des amis inséparables.
Sii/er faart voll uf das ab.	Il/elle conduit à fond vers cela.	Il/elle adore cela.
Er/sii wott dä Foifer und s'Weggli.	Il/elle veut la pièce de cinq centimes et le petit pain.	Il/elle veut le beurre et l'argent du beurre.
Er/sii schwümmt im Gäld.	Il/elle nage dans l'argent.	Il/elle est très riche.
Schaffä wiä än Tubel	travailler comme un idiot	travailler trop
Än Chazzäschprung	à un saut de chat	pas loin d'ici
Jezt chumm ich drus.	Maintenant j'en sors.	Maintenant je comprends.
Wiä äs Lama	comme un lama	très lentement

CONFUSIONS FRÉQUENTES

Quand les Suisses parlent l'allemand, on les identifie immédiatement comme des Suisses. Cela tient à leur accent, mais également à la construction des phrases. Les différences au niveau du vocabulaire sont également très marquées.

Cette partie n'a pas été traduite en français car elle est réservée aux 'avancés'!

Principales différences

Hochdeutsch	Helvetisches Hochdeutsch	CH-Deutsch
Abendessen	Znachtessen	Znachtässä
Aktenhülle	Sichtmäppchen	Sichtmäppli (n)
andererseits	handkehrum	handkeerum
andeuten	antönen	atönä
Angebot	Offerte	Offertä (f)
anrufen	ein Telefon geben	äs Telefon gä
anrufen	anläuten	alütä
Arbeiten	schaffen	schaffä
ausgehen / abends weggehen	in den Ausgang gehen	in Usgang ga
Bahnsteig	Perron	Perron (n)
Barsch	Egli	Egli (m)
Bedienung	Service	Service (Serwiss)
berühren	anlangen	alangä

Suite à la page suivante...

Blonde Strähnchen	Mèches	Mèches (pl) (Mäsch)
bügeln	—	glettä
Dachstock (m)	Winde / Estrich	Windä (f) / Eschtrich (m)
den Anschein haben	Den Anschein machen	dä Aschii machä
Einkaufen / shoppen	lädeln	lädälä
Eis	Glacé	Glacé (n)
Erdnüsse	Spanische Nüsse	spanischi Nüssli
es gibt	es hat	es hat
etwaig	allfällig	allfällig
Fahrkarte (f)	Billet	Bilet (n)
Fahrer	Chauffeur	Chauffeur (Schofför) (m)
Fahrrad	Velo	Velo (n)
Feldsalat	Nüsslisalat	Nüsslisalat (m)
Friseur	Coiffeur	Coiffeur (m) (Guafför)
Frühstück	Morgenessen	Z'Morge (m)
Gebrauchtwarenladen	Brokenhaus	Brokähuus (n)
Gehsteig	Trottoir	Trottoir (Trottuar) (n)
Geldbeutel	Portmonee	Portmonee (n)
Getränkekiste	Harass	Harass (m)
grillen	grillieren	grilliärä
Hausmeister	Abwart	Abwart (m)
Hausschuhe	Finken	Finkä
Hosenschlitz	Hosenladen	Hoselazz (m)
Hubschrauber	Helikopter	Heli (m)
Huhn	Poulet	Poulet (Pule) (n)
innerhalb des Zeitrahmens	innert nützlicher Frist	innert nüzzlicher Frischt
innerhalb von (Zeitspanne)	innert	innert
Kamin	Cheminée	Cheminée (Schmine) (n)
Karotte	Rübli	Rüäbli
kehren	wischen	wüschä
klingeln	läuten	lütä
klingen	tönen	tönä
Krankenhaus	Spital	Schpital (m)
Kulturbeutel	Necessaire	Necessaire (n) (Nessessär)
Lastwagen	Camion	Camion (Gamion) (m)
loswerden	abschieben	abschiebä
mit blossem Auge	von Auge	vo Aug
Motorrad	Töff	Töff (m)

Suite à la page suivante...

nachdenken	studieren	schtudiärä
Pampelmuse (f)	Grapefruit	Grapefruit (Gräpfrü) (f)
Paprika	Peperoni	Peperoni (f)
parken	parkieren	parkiärä
Penthouse	Attikawohnung	Attikawonig (f)
perfekt	pico bello	pico bello
Personalausweis	Identitätskarte (ID)	ID (f)
Pfand	Depot	Depot (n)
Postbote	Pöstler	Pöschtler (m)
Rock (m)	Jupe	Jupe (Schüpp) (m)
rodeln	schlitteln	schlittlä
Roller	Vespa	Vespa (Veschpa) (f)
Rote Beete	Randen	Randä (m)
Sahne	Raam	Raam (m)
Sakko / Anzugsjacke	Tschoppen	Tschopä (m)
Schaffner	Kondukteur	Kondukteur (m)
scharf (gewürzt)	rassig	rassig
Schnürsenkel	Schuhbändel	Schuäbändel (pl)
Schrank	Kasten	Chaschtä (m)
Schreibtisch	Pult	Pult (n)
Schreibwarengeschäft	Papeterie	Papeterie (f)
Schuldeneintreibung	Betreibung	Betribig (f)
seine Stimme abgeben/ wählen	stimmen	stimmä
sich ausziehen/ sich auskleiden	sich abziehen	sich abziä
sich setzen	absitzen	absizzä
sich verabreden	abmachen	abmachä
Skistiefel	Skischuhe	Schischuä
sterben	abserbeln	abserblä
Strafzettel	Busse	Puäss (f)
Strassenbahn	Tram	Tram (n)
stricken	—	lismä
Tacker	Bostitch	Bostitch (Bostitsch) (m)
Tagesordnungspunkt	Traktandum	Traktandum (n)
Taschenmesser	Sackmesser	Sackmässer
Taschentuch	Nastuch	Nastüächli (n)
Teppichboden	Spannteppich	Spannteppich
Thunfisch	Thon	Thon (m)
Tischfussball spielen	töggeln	töggelä

Suite à la page suivante...

Trauerfeier	Abdankung	Abdankig (f)
Tretroller	Trotinett	Trotinett (n)
umziehen	zügeln	züglä
Unordnung	—	Puff (n)
Unterbrechung	Unterbruch	Underbruch (m)
urig	urchig	urchig
Verkehrsampel	Lichtsignal	Liächtsignal (n)
Walnuss	Baumnuss	Baumnuss (f)
Waschbecken	Lavabo	Lavabo (n)
wehen	winden	windä
Weste	Gilet	Gilet (Schile) (n)
Wimperntusche	Mascara	Mascara (Maskara) (f)
würzig (Käse)	rezent	rezent
zäh (metaphorisch benutzt)	harzig	harzig
Zucchini	Zuchetti	Zuchetti (f)

Für **Pour plus d'informations:**
http://de.wikipedia.org/wiki/Helvetismus

SOYEZ ATTENTIFS! Par certains aspects, le suisse allemand est une langue très précise. Ainsi, il existe de nombreux mots pour dire 'travailler' qui décrivent les diverses manières dont un travail peut être effectué:

schaffä	travailler
schäffälä	travailler un peu / sans trop d'efforts
chrampfä	travailler dur
büglä	bosser
chnüttlä	travailler dur
pfuschä	travailler mal / bâcler
werchlä	travailler un peu / sans trop d'efforts
fuhrwerchlä	bricoler / entreprendre
büäzä	faire un travail très physique
juflä	bâcler
lauärä	perdre du temps en travaillant
schwadlä	travailler sans trop d'efforts / sans se concentrer
übertuä	s'exténuer / se tuer à la tâche

C'est clair comme de l'eau de roche, non?

ANNEXE

LES PRONOMS ET LES ARTICLES

Les pronoms personnels

	1e personne	2e personne	3e personne
Nom, sing.	ich	du	er
Acc, sing.	mich	di	in
Dat, sing.	mir	dir	im
Nom, pl.	mir	ier	sii
Acc, pl.	ois	oi	sii
Dat, pl.	ois	oi	inä

Les articles définis

	masculin	féminin	neutre	pluriel
Cas commun (nom et acc)	dä	d, di	s	d, di
Datif	äm	där	äm	dä

Les articles indéfinis

	masculin	féminin	neutre
Cas commun (nom et acc)	än	ä	äs
Datif	ämä(n), ämänä(n)	ärä(n), änärä(n)	ämä(n), ämänä(n)

Annexe

Les pronoms démonstratifs

	masculin	féminin	neutre	pluriel
Cas commun (nom et acc)	dä desäb	die disäb	das säb	die disäbe
Datif	däm säbem emsäbe(n)	däre säbere dersäbe	däm säbem emsäbe	däne säbe desäbe

Les pronoms possessifs

	masculin	féminin	neutre	pluriel
Cas commun (nom et acc)	min	mini	mis	mini
Datif	mim	minärä	mim	minä
Cas commun (nom et acc)	din	dinerä	dis	dini
Datif	dim	dinerä	dim	dinä
Cas commun (nom et acc)	sin	sinä	sis	sini
Datif	sim	sinerä	sim	sinä
Cas commun (nom et acc)	oise(n)	oisä	oisäs	oisi
Datif	oisem	oisere	oisem	oise
Cas commun (nom et acc)	oie(n)	oii	oies	oii
Datif	oisem	oiere	oiem	oie(n)
Cas commun (nom et acc)	ire(n)	iri	ires	iri
Datif	irem	irärä	iräm	irä

LES VERBES

Les verbes les plus importants

	inf.	ich	du	er	mir	ier	sii
être	si	bi	bisch	isch	sind	sind	sind
devenir	werdä	wird	wirsch	wird	wärded	wärded	wärded
venir	cho	chumm	chunsch	chunnt	chömmed	chömmed	chömmed
faire	tuä	tuä	tuäsch	tuät	tüänd	tüänd	tüänd
boire	trinkä	trinkä	trinksch	trinkt	drinked	drinked	drinked
conduire	faarä	faarä	faarsch	faart	faaret	faaret	faaret
manger	ässä	ässä	issisch	isst	ässed	ässed	ässed
donner	gä	gibä	gisch	git	gänd	gänd	gänd
aller	gaa	gang	gasch	gat	gönd	gönd	gönd
avoir	ha	ha	häsch	hätt	händ	händ	händ
entendre	losä	losä	losisch	losed	losed	losed	losed
tenir	hebä	hebä	hebsch	hebt	hebed	hebed	hebed
bien aimer	gärn ha	ha gärn	häsch gärn	hät gärn	händ gärn	händ gärn	händ gärn
aimer	liäbä	liäbä	liäbsch	liäbt	liäbed	liäbed	liäbed
dire	sägä	sägä	säisch	säit	säged	säged	säged
voir	luägä	luägä	luägsch	luägt	luäged	luäged	luäged
dormir	schlafä	schlafä	schlafsch	schlaft	schlafed	schlafed	schlafed
voyager	raisä	raisä	raisisch	raist	raised	raised	raised
marcher	lauffä	lauffä	lauffsch	laufft	lauffed	lauffed	lauffed
vouloir	welä	will	willsch	will	wännd	wännd	wännd
laver	wäschä	wäschä	wäschisch	wäsched	wäsched	wäsched	wäsched
travailler	schaffä	schaffä	schaffisch	schafft	schaffed	schaffed	schaffed

Annexe

Il n'existe pas de génitif. Il est rendu de la manière suivante:

Am Samuel sini Schwöschter	La soeur de Samuel
A dä Daniela irä Brüäder	Le frère de Daniela
Am Samuel sin Brüäder	Le frère de Samuel
A dä Daniela iri Schwöschter	La soeur de Daniela

SOYEZ ATTENTIFS!

En suisse allemand il n'existe ni passé simple ni plus-que-parfait, on utilise toujours le passé composé.

Les verbes les plus importants au passé composé

Ich bi gsi	J'ai été	Ich ha glosed	J'ai entendu
Ich ha gmacht	J'ai fait	Ich ha gschaffed	J'ai travaillé
Ich ha trunkä	J'ai bu	Ich bi gfaarä	J'ai conduit
Ich bi gangä	Je suis allé	I ha gluäged	J'ai vu

CONSEIL Le passé composé est formé, comme en allemand, avec le verbe avoir (ha) et le participe passé. Ainsi, ***Ich ha Zmittag gässä*** (j'ai déjeuné) ou ***Ich ha d'Ufzgi gmacht*** (j'ai fait mes devoirs). Certains verbes emploient l'auxiliaire être (***si***), notamment les verbes de déplacement ou les verbes qui décrivent une modification d'état. Ainsi, ***Ich bi uf Züri gangä*** (je suis allé à Zurich).

Les verbes modaux

	infinitif	1e pers. présent	2e pers. présent	pluriel présent	subjonctif	conditionnel présent
pouvoir	chönä	cha	chasch	chönd	chönn	chönd
aimer	mögä	mag	magsch	möge	mög	möcht
avoir le droit	törffä	törff	törfsch	törffed	törffi	törft
devoir	müäsä	muäs, muän	muäsch	müänd	müäs	müässt
devoir*	sölä	söll	sölsch	söled	söll	sött
vouloir	welä	wott, will	wotsch	wänd	well	wett

*dans le sens d'un conseil ou d'une obligation morale

LE DICTIONNAIRE

FRANÇAIS – SUISSE ALLEMAND
SUISSE ALLEMAND – FRANÇAIS

FRANÇAIS – SUISSE ALLEMAND

A

à	a(m)
à	zu(m)
à côté de	näbäd
à travers	dur(ch)
Abcès	Apszäss (m)
Abeille	Biändli (n)
Abeille	Biänä (f)
Accordéon	Handörgeli (n)
Accordéon	Schwiizer Örgeli (n)
achats (faire des)	poschtä
achats (faire des)	chauffä
acheter	poschtä
acheter	chauffä
acide	suur
Addition	Rächnig
Administrateur	Verwaltigsrat (m)
Administration	Verwaltig (f)
Ado(lescent)	Teeni (m)
Adresse	Adrässä (f)
Adresse e-mail	E-Mailadrässä
Adulte	Erwachsenä (m)
Adultes	Erwachseni (f)
Aérogramme	Luftposcht (f)
Affaire	Sach (f)
Agneau	Lamm (n)
Aide	Hilf (f)
Aigle	Adler (m)
Ail	Chnobli (m)
Ail	Chnoblauch (m)
aimer	liäbä
Air-mail	Luftposcht (f)
Alcool	Alkohol
Alcool fort	Schnaps (m)
allaiter	schtillä
Allergie	Alergii (f)
allergique	allergisch
Altimètre	Höämeter (m)
Ambulance	Ambulanz (f)
Ambulance	Chrankäwagä (m)
amer	bitter
amusant	luschtig
amusant	wizzig
Ane	Esel (m)
Année	Jaar (n)
Annonce mortuaire	Todesaazaig (f)
Annuaire de téléphone	Telefonbuäch (n)
annulé	anuliert
annuler	känslä
Antenne parabolique	Satellitäschüsslä (f)
Antidote	Gägägift (n)
Antidouleur	Schmärzmittel (n)
Août	Auguscht (m)
Apéro	Apéro (m)
Appartement	Wonig (f)
Appel	Aaruäf (m)
Appel international	internazionalä Aaruäf (m)
Appel local	lokalä Aaruäf (m)
Appendicite	Blinddarmenzündig (f)
apprendre	leerä
Apprenti	Leerling (m)
après	nach
après-demain	übermorn
Après-midi	Namittag (m)
Après-ski	Après-Ski (n) (Aprä Schii)
Araignée	Schpinä (f)
Arbre	Baum (m)
Argent	Gäld (n)
argenté	silbrig
Armoire	Chaschtä (m)
Aromate	Aromat (n)
Arrêt de bus	Bushalteschtell (f)
Arrière-grand-mère	Urgrosmuetter (f)
Arrière-grand-père	Urgrosvatter (m)
Art	Kunscht (f)
Articles de boulangerie	Gebäkk (n)
Ascenseur	Lift (m)
Aspirine	Aschpirin (n)
Assiette	Täller (m)
Assistant	Asischtänt (m)
Assistante	Asischtäntin (f)
Assurance	Versicherig (f)
Asthme	Aschtma (n)
Attaché-case	Arbetsmappä (f)
Attaché-case	Mappä (f)
Attachment	Attachment (n)
Attention	Achtung
atterrir	landä
au revoir	Uf widerluägä
au revoir	Uf widersee
au revoir	Adieu (Adjö)
Au secours!	Hilfe!
Au voleur	Diäb!
Aube	Dämmerig (f)
Aube	Morgädämmerig (f)
Auberge de jeunesse	Jugendhärbärg (f)
Aubergine	Oberschinä (f)
aujourd'hui	hüt
Automne	Härpscht (m)
Autorisation	Bewilligung (f)
Autorisation de séjour	Genemigung (f)

Autoroute	Autobaan (f)
autour de	um
Avalanche	Lawinä
avant-hier	vorgeschter
avec	mit
Avion	Flugzüg (n)
Avril	April (m)

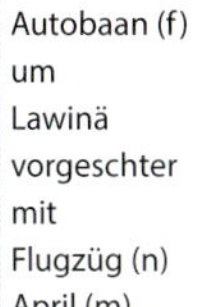

B

Baccalauréat	Matur(a) (f)
bachoter	büfflä
Bagages	Gepäkk (n)
Baguette	Pariserbrot (n)
Baignoire	Badwannä (f)
bailler	gäänä
Baiser	Kuss (m)
Balance	Waag (f)
Balançoire	Giraitsi (pl)
Balançoire	Gigampfi (n)
Balcon	Balkon (m)
Banane	Bananä (f)
Bande-dessinée	Comic (m)
Banque	Bank (f)
Bar	Bar (f)
Barboteuse	Schtrampelazug (m)
Bas	Schtrümpf (pl)
Bâtiment	Geboide (n)
Bâtons de ski	Schtökk (pl)
beaucoup	vill
Beau-fils	Schwigersoon (m)
Beau-frère	Schwager (m)
Beau-père	Schwigervatter (m)
beige	beige (bäsch)
Belle-fille	Schwigertochter (f)
Belle-mère	Schwigermuetter (f)
Belle-soeur	Schwögerin (f)
Béret	Chappä (f)
bête	doof
bête	blööd
bête	tumm
Beurre	Butter
Beurre de cacahouète	Erdnussbutter (m)
Biberon	Schoppä (m)
Bibliothèque	Büächergschtell (n)
bien	guet
bientôt	bald
bientôt	grad
bientôt	gli
Bienvenue	Willkomä
Bière	Biär (n)
Bière pression	Schtangä (f)
Billet	Bilet
Billet d'avion	Flugzüg-Tikket (n)
Billet de banque	Banknotä (f)
Billet de bus	Busbilet (n)
Billet de train	Zugbilet (n)
Bisou	Kuss (m)
Bistrot	Baiz (f)
blanc	wiiss
Blessure	Verlezzig (f)
bleu	blau
Blouse	Blusä (f)
boarder	Snowboard faarä
Bocal à confiture	Gomfiglas (n)
Boissons froides	Chalti Getränk (pl)
Boîte	Schachtlä (f)
Boîte aux lettres	Briäfchaschtä (m)
Bol	Schüsslä (f)
bon appétit	Än Guetä
Bonbon	Zältli (n)
bonjour	Guätä Tag
bonjour	Grüezi
Bonnet	Chappä (f)
bonsoir	Grüezi
Bonus	Bonus (m)
bosser	büfflä
Bouche	Muul (n)
Bouillie	Breili (n)
Boule de Berlin	Berliner (m)
Bouquetin	Schtaibokk (m)
Bouton	Chnopf (m)
Bras	Arm (m)
Brocoli	Broggoli (m)
Brosse	Bürschtä (f)
Brosse à dent	Zaabürschteli (n)
Brouillard	Näbel (m)
brûlé	verbrännt
brûler	verbränä
brun	bruun
Brunch	Brunch (m)
Buanderie	Wöschchuchi (f)
Bulles	Blööterli (pl)
Bulletin	Zügnis (n)
Bureau	Büro (n)
Bureau	Pult (n)
Bus	Bus
Buse	Moisebussard (m)

C

Cabas à commission	Iichaufs-Täschä (f)
Cabine téléphonique	Telefonkabinä (f)
Cabinet médical	Praxis (f)
Cafard	Kakerlakä (f)
Café	Kafi (n)
Café au lait	Milchkafi (m)
Café au lait	Schalä (f)
Café crème	Kafi crème (m)
Cadre	Manager/in (m/f)
Cahier des charges	Jobbeschribig (f)
Caisse	Chischtä (f)
Caisse de pension	Pensionskassä (f)
Caisse maladie	Chrankäkassä
Caissier	Kassierer (m)
Caissière	Kassiererin (f)
calme	ruig
camper	kämpierä
camper	zältä
Canif	Sakkmässer (n)
Cantine	Kantinä (f)
Canton	Kanton (m)
Capote	Pariser (m)
Capote	Gummi (m)
Cappucino	Cappuccino (m)
Carotte	Rüäbli (n)
Cartable	(Schuäler)thek (m)
Carte	Chartä (f)
Carte de crédit	Kreditchartä (f)
Carte de téléphone	Telefonchartä (f)
Carte EC	EC-Chartä (f)
Carte maestro	EC-Chartä (f)
Carte postale	Poschtchartä (f)
Case postale	Poschtfach (n)
Cash	Cash (m)
Cash	Bargäld (n)
Casquette	Chappä (f)
cassé	kaputt
Casserole	Pfanä (f)
Cathédrale	Katedraale (f)
Caution	Kauzion
Cave	Chäller (m)
Ceinture	Gürtel (m)
Ceinture	Gurt (m)
célèbre	berüämt
célèbre	bekannt
célibataire	ledig
célibataire	single
cent	hundert
cent mille	hunderttuusig
Centime	Rappä (m)
Centre commercial	Ichaufszentrum (n)
Céréales	Haferflokkä (pl)
Cerf	Hirsch (m)
Cerise	Chriäsi (n)
Certificat	Zügnis (n)
Certificat de travail	Laischtigsbewärtig (f)
Chair de poule	Huänerhuut (f)
Chaise	Schtuäl (m)
Châle	Schal (m)
Châle	Tuäch (n)
Chaleur	Hizz (f)
Chambre	Zimmer
Chambre à coucher	Schlafzimmer (n)
Chambre d'enfant	Chinderzimmer (n)
Chamois	Gäms (f)
Champ	Fäld (n)
Chapeau	Huät (m)

Le dictionnaire

Chat	Büsi (n)
Chat	Chazz (f)
chaud	haiss
chaud	warm
Chaussettes	Sokkä (pl)
Chaussures	Schuä (pl)
check-in (faire le)	iitschäggä
check-out (faire le)	uus-tschäggä
Chef	Schef /in (m/f)
Chemin	Wäg (m)
Cheminée	Chämi (n)
Chemise	Hämp (n)
Chéneau	Tachrinnä (f)
Chèque	Schegg (m)
cher	tüür
Cheval	Ross (n)
Cheveux	Haar (pl)
Chèvre	Gaiss (f)
Chevreuil	Ree (n)
Chien	Hund (m)
Chocolat chaud	Haissi Schoggi (f)
Chocolat froid	Chalti Schoggi (f)
Chose	Ding (n)
chou	härzig
Choucas	Doolä (f)
Chou-fleur	Bluämächöl (m)
chuchoter	flüschterä
Cidre	suurä Moscht (m)
Cils	Wimperä (pl)
cinq	foif
cinquante	füfzg
cinquième	foift
Cintre	Chlaiderbügel (m)
Citron	Zitrone (f)
clair	hell
Clé	Schlüssel
Client	Chund (m)
Cliente	Chundin (f)
cligner des yeux	blinzlä
Climat	Klima (n)
Clinique	Klinik (f)
Coca	Cola (n)
Coca	Coggi (n)
Cochon	Sau (f)
Cochon d'Indes	Meersoili (n)
Code postal	Poschtlaitzaal (f)
Code vestimentaire	Chlaidervorschrift (f)
Coeur	Härz (n)
Coin	Eggä (m)
Coin-fumeur	Rauchereggä (m)
Col	Chragä (m)
Coléoptère	Chäfer (m)
collectionner	sammlä
Collège	Gimi (n)
Collègue de travail	Arbetskolleg /in (m/f)
Colline	Hügel (m)
Combien?	Wiä vill?

Commande	Pschtellig (f)
commander	pschtelä
Comment?	Wiä?
Commission	Komission (f)
Commotion cérébrale	Ghirnerschütterig (f)
Complet	Aazug (m)
Complet	Deux-Pieces (n)
Complet	Koschtüm (n)
Compte bancaire	Bankkonto (n)
Compte d'épargne	Schparkonto (n)
Concert	Konzärt (n)
Concierge	Consierge (m)
conduire	Auto faarä
Conférence	Konfäränz (f)
Confiture	Gomfi (f)
confortable	gmüätlich
confortable	haimelig
Congélateur	Tüfchüäler (m)
Conseil d'administration	Verwaltigsrat (m)
Conseiller	Berater (m)
Conseillère	Beraterin (f)
contagieux	aschtekkänd
content	froo
Continent	Kontinänt (m)
Contrat	Vertrag
contre	gägä
cool	cool
Copain	Fründ (m)
copier	kopierä
copier	schpikkä
copier	abluägä
Copine	Fründin (f)
Coq	Güggel (m)
Corbeille	Papierchorb (m)
Corbeille à linge	Zaine (f)
Corridor	Gang (m)
Costume	Koschtüm (n)
cosy	gmüätlich
cosy	haimelig
Coton	Baumwule (f)
Cou	Hals (m)
Coude	Eläbogä (m)
Couloir	Gang
Coupe de champagne	Güppli (n)
Couple	Paar
Courrier	Poscht (f)
Courrier inscrit	Igschribnä Briäf (m)
Cours	Kurs (m)
Cours	Rännä
court	churz
Cousine	Cousine (f)
Coussin	Chüssi (n)
Couteau	Mässer (n)
Couteau de poche	Sakkmässer (n)

Coûts	Choschtä (pl)
couvert	wolkig
couvert	bedekkt
Couverture de lit	Bettdekki (f)
Couverture de lit	Duvet (n) (Düwe)
Couvre-lit	Bettuäch (n)
Crabe	Krabä (f)
Crampe	Chrampf (m)
Cravate	Grawattä (f)
Crayon	Bleischtift (m/n)
Crèche	Chrippä (f)
Crème	Raam (m)
Crème	Crème (f)
Crevettes	Crevettä (f) (Gröwettä)
Crevettes géantes	Riisecrevettä (f)
Crocodile	Krokodil (n)
Croisement	Chrüüzig (f)
Croissant	Gipfeli (n)
cru	roo
Cuillère à thé	Teelöffeli (n)
Cuir	Läder (n)
Cuisine	Chuchi (f)
Cuisinière	Härd (m)
cuit	gkocht

D

dans	in
danser	tanzä
de	vo
de mauvaise humeur	hässig
Décennie	Dekadä (f)
Décembre	Dezämber (m)
Déchets	Apfall (m)
déclarer	verzollä
décontracté	unzwungä
déçu	enttüscht
Déficit	Verluscht (m)
délicieux	So fain
demain	morn
démarrer	abfaarä
déménager	uusziä
Demi–pension	Halbpension (f)
Demoiselle	Frölain (n)
Dent	Zaa (m)
Dentifrice	Zaapaschtä (f)
dents (faire ses)	zaanä
Déodorant	Deo (m)
Départ	Abrais (f)
Département	Abtailig (f)
dépenser	uusgä
Dépôt	Hinderlegig (f)
Dépôt	Depot (n)
dépressif	depressiv
derrière	hinder

désespéré	verzwiiflet
désolé	sorry
dessécher	uuströchnä
Dessert	Dessert (m)
Desserte	Chuchiablagä (pl)
détendu	cool
détester	hassä
deux	zwai
deux cents	zwaihundert
deux mille	zwaituusig
deuxième	zwait
Deux-pièces	Zwaizimmerwonig (f)
devant	vor
Devise	Wäärig (f)
Devoirs	(Huus)ufgabä (pl)
Diabète	Diabetis (f)
Diabète	Zukkerkranket (f)
Diabétique	Diabetiker/in (m/f)
Diarrhée	Durchfall (m)
Dimanche	Sunntig (m)
Dinde	Truthaan (m)
Dîner	Znachtessä (n)
Directeur	Diräktor/in (m/f)
Disco	Disco (f)
Dispute	Schtriit (m)
Divertissement	Unterhaltig (f)
Division	Abtailig (f)
divorcé	gschidä
dix	zä
dix-huit	achzä
dixième	zät
dix-neuf	nünzä
dix-sept	sibzä
Doigt	Finger (m)
Doigt de pied	Zäjä (m)
dommage	Schade
dommage!	schad!
doré	goldig
dormir	schlafä
Dos	Ruggä (m)
d'où?	vo wo?
Douche	Duschi (f)
Douleurs	Schmärzä (pl)
douloureux	schmärzhaft
doux	mild
douze	zwölf
Drapeau	Faanä (f)
Drogues	Drogä
droite	rächts
drôle	luschtig
drôle	wizzig
Duplex	Maisonette-Wonig (f)
Duvet	Bettdekki (f)

E

Eau	Wasser
Eau minérale	Mineralwasser (n)
Eau minérale gazeuse	Blööterliwasser (n)
Echarpe	Schal (m)
Echarpe	Tuäch (n)
Eclair	Blizz (m)
Ecole	Schuäl (f)
Ecole	Schuälhuus (n)
Ecole de ski	Schiischuäl (f)
Ecole primaire	Primar(schuäl) (f)
Ecole secondaire	Sek(undarschuäl) (f)
écouter	losä
Editeur	Herusgeber (m)
Editrice	Herusgeberin (f)
effacer	löschä
Eglise	Chilä (f)
élégant	lässig
Eléphant	Elefant (m)
E-mail	E-Mail (n)
embrasser	küssä
Employé	Agschtellte (m)
Employée	Agschtellti (f)
Employeur	Arbetgeber/in (m/f)
empoisonné	vergiftet
Emprunt	Darleä (n)
en bas	abä
en colère	bös
en face	gägänüber
en haut	ufä
enceinte	schwanger
énergique	energisch
Enfant	Chind
enlacer	umarmä
ennuyé	glangwiilet
enseigner	lernä
ensoleillé	sunig
entendre	ghörä
entre	zwüschä(d)
Entrée	Iigang (m)
Entrée	Iigangshallä (f)
Entrée	Vorhallä (f)
Entrée	Vorruum (m)
Entrée (repas)	Vorschpiis (f)
Entrepôt	Lagerhallä (f)
Entrepôt	Warähuus (n)
Entreprise	Gschäft (n)
entrer (dans le pays)	iiraisä
Enveloppe	Couvert (n) (Kuwäär)
envieux	niidisch
envoyer	schikkä
envoyer	sändä
épargner	schparä
Epaule	Schulterä (f)
Epi de maïs	Mais-cholbä (m)
Epices	Gwürz (pl)
Epinards	Schpinat (m)
Epreuve	Prüäfig (f)
Equipement	Uusrüschtig (f)
Escalier	Schtägä (f)
Escargot	Schnägg (m)
Espace	Ruum (m)
Essence	Bänzin (n)
Essence (familier)	Moscht (m)
Estomac	Magä (m)
Etat	Schtaat (m)
Etat-civil	Zivilstand (m)
Eté	Summer (m)
étonné	erschtunt
Etranger	Ussländer (m)
Etrangère	Ussländerin (f)
Evénement	Event (m)
Evénement	Aalass (m)
Examen	Prüäfig (f)
excité	uufgreggt
excité (sexuellement)	schpizz
excité (sexuellement)	giggerig
excusez-moi	entschuldigung
excusez-moi	exgüse
Expéditeur	Apsänder/in (m/f)
Exposition	Uus-schtellig (f)
Expresso	Espresso (m)

F

fâché	bös
Facteur	Pöschtler /in (m/f)
Facture	Rächnig (f)
Facture de téléphone	Telefonrächnig (f)
fade	fad
Faim	Hunger (m)
Farine	Määl (n)
fatigué	müäd
fatigué	schlapp
fatigué	schlöfrig
faux	falsch
Femme	Frau (f)
Femme de ménage	Puzzfrau (f)
Fenêtre	Fänschter (n)
Fer à repasser	Bügälisä (n)
Féra	Felchä (f)
fermé	zuä
fermer	zuämachä
Fesses	Füdli (n)
Fête	Party (f) (Parti)
Fête	Fäscht (n)
Feu	Füür

Feux de signalisation	Amplä (f)
Février	Februar (m)
fiancé	verlobt
Fiancé	Verlobtä (m)
Fiancée	Verlobti (f)
Fièvre	Fiäber (n)
Fille	Tochter (f)
Fille	Mait(ä)li (n)
Fils	Soon (m)
fixer	schtarrä
Fleuve	Fluss (m)
Foehn	Föön (m)
Foie	Läbere (f)
foncé	dunkel
Forêt	Wald (m)
fort	scharf
fou	verrukkt
fou	gaga
fou	irr
Fouine	Marder (m)
Four	Ofä (m)
Fourchette	Gablä (f)
Fourmi	Amaisä (f)
Fracture	Chnochäbruch (m)
frais	chüel
Frais (les)	Gebür (f)
Fraise	Erdbeeri (n)
Framboise	Himbeeri (n)
Francs suisses	Schwiizer Frankä (m)
Frère	Brüäder (m)
Frères et soeurs	Gschwüschterti (pl)
Frigo	Chüälschrank (m)
frit	frittiert
froid	chalt
Fromage	Käs (m)
fromage (faire du)	chäsä
Front	Schtirn (f)
Frontière	Gränzä (f)
Fruit	Frucht (f)
Fruits de mer	Meeresfrücht (pl)
Futur	Zuäkumft (f)

G

Gag	Wizz (m)
gagner	verdiänä
gai	fröölich
Gants	Häntschä (pl)
Garage	Garasch (f)
Garantie	Garantii
Garantie	Depot (n)
Garantie	Hinderlegig (f)
Garçon	Buäb (m)
Garde-robe	Gardärobä (f)
Gare	Baanhof (m)
Gâteau	Chuächä (m)
gauche	linggs
gay	schwul
Gaz carbonique	Cholesüüri (m)
Gazon	Rasä (m)
gênant	piinlich
génial	fantastisch
Genou	Chnü (n)
Géographie	Geografii (f)
Glace	Iis (n)
Glace	Glacé (n) (Glasse)
Golf	Golf
Gomme	Gummi (m)
Goût	Gschmakk (m)
Goutte	Tröpfli (pl)
grand	gross
Grande-tante	Grostantä (f)
Grand-mère	Grosmuetter (f)
Grand-oncle	Grosunggle (m)
Grand-père	Grosvatter (m)
Grands-parents	Groselterä (pl)
Grêle	Hagel (m)
grêler	haglä
Grenier	Eschtrich (m)
Grenier	Windä (f)
Grill	Grill (m)
Grillade	Grillparty (f)
Grillade	Grillfäscht (n)
grillé	griliert
Grippe	Grippe (f)
gris	grau
Guêpe	Wäschpi (n)
Guichet	Schalter (m)
Gymnase	Gimi (n)

H

habillé	aazogä
Habit ou robe	Chlaid (n)
Hall	Lobbi (f)
Hall	Iigangshallä (f)
Hall	Vorruum (m)
Hall	Vorhallä (f)
Hanche	Hüft (f)
Haricots	Boonä (f)
haut	höch
Haut (vêtement)	Obertail (n)
hétéro(sexuel)	hetero(sexuell)
Heure	Schtund (f)
heureux	glükklich
heureux	zfridä
hier	geschter
Hippopotame	Nilpferd (n)
Hippopotame	Flusspferd (n)
Hiver	Winter (m)
Hobbies	Hobis (pl)
homo(sexuel)	homo(sexuell)
Hôpital	Schpital (n)
Hormones	Hormon (pl)
hors de	us
Huile d'olive	Olivenöl (n)
huit	acht
huitante	achtzg
huitième	acht
humide	füecht
humiliant	piinlich
Humour	Humoor (m)
Hypothèque	Darleä (n)
Hypothèque	Hypothek (n)

I

Ile	Inslä (f)
Impôts	Schtürä (pl)
Imprimante	Printer (m)
Imprimante	Drukker (m)
imprimer	drukkä
Indicatif	Vorwaal (f)
Infection	Enzündig (f)
Infirmière	Chrankäschwöschter (f)
Inflammation	Enzündig (f)
inquiet	ängschtlich
inquiet	besorgt
Insecte	Insekt (n)
Insomnie	Schlaflosikait (f)
Instant	Momänt (m)
Instrument	Inschtrumänt (n)
investir	inweschtierä
Investissement	Inweschtizion (f)

J

jaloux	ifersüchtig
Jambe	Bai (n)
Jambon	Schinkä (m)
Janvier	Januar (m)
Jardin	Gartä (m)
Jardin d'enfant	Chindsgi (m)
Jass (le jeu)	Jass
jaune	gääl
je	ich
Jeans	Jeans (pl)
Jeu	Schpiil (n)
Jeudi	Dunnschtig (m)
Jeune femme	jungi Frau (f)
Jeune homme	Purscht (m)
Jeune homme	jungä Maa (m)
jodler	jodlä
joindre (les mains)	faltä
Jolie skieuse	Schneehäsli (n)
Joue	Baggä (m)
jouer	gämblä
jouer	schpilä

jouer	geimä
jouer au foot	tschutä
jouer au jass	jassä
Jour	Tag (m)
Journal	Zitig (f)
Journaliste	Schurnalischt/in (m/f)
Juillet	Juli (m)
Juin	Juni (m)
Jumeau	Zwilling (pl)
Jupe	Rokk (m)
Jupe	Jupe (m) (Schüpp)
Jus	Saft (m)
Jus de pamplemousse	Grapefruitsaft (m)
Jus de pomme	Öpfelsaft (m)
Jus de pomme	Süässmoscht (m)
Jus de raisin	Truubesaft (m)
Jus d'orange	Orangschäsaft (m)
Jus d'orange	O-Saft (m)
jusqu'à	bis
jusqu'à	zu

L

là	da
là-bas	deet
Laboratoire	Labor (n)
Lac	See (m)
Laine	Wulä (f)
Lait	Milch
Lait chaud	Haissi Milch (f)
Lame de rasoir	Rasiärklingä (f)
Langes	Windlä (pl)
Langue	Zungä (f)
Lapin	Chüngel (m)
Lard	Schpäkk (m)
large	wiit
Latte macchiato	Latte Macchiato (f)
Lavabo	Brüneli (n)
Lavabo	Lavabo (n)
laver	wäschä
le long de	entlang
Légumes	Gmüäs (n)
Légumineuses	Hülsäfrücht (pl)
Lentilles	Linsä (pl)
lesbienne	lesbisch
Lessive	Wösch (f)
Lettre	Briäf (m)
Lettre recommandée	Igschribnä Briäf (m)
Lézard	Aidächsli (n)
Liaison	Verbindig (f)
Librairie	Büächerladä (m)
Librairie	Buächhandlig (f)
libre	frei
lilas	lila
Lime	Limone (f)
Lin	Liinä (f)
Lion	Loi (m)
lire	läsä
Lit d'enfant	Chinderbettli (n)
Literie	Bettaazug (m)
Livre	Buäch (n)
log-in (faire le)	iiloggä
log-out (faire le)	uusloggä
loin	wiit
Loisirs	Freiziit (f)
Lolette	Nuggi (m)
long	lang
Lotion corporelle	Körperlozioon (f)
louer	vermietä
Loup	Wolf (m)
Loyer	Mieti
luger	schlittlä
Lundi	Mäntig (m)
Lunettes	Brülä (f)
lutte (faire de la)	schwingä
Lycée	Gimi (n)
Lynx	Luchs (m)

M

Machine à laver	Abwöschmaschine (f)
Magasin	Ladä (m)
Magasin	Lagerhallä (f)
Magasin	Warähuus (n)
Magasin d'électricité	Elektrogschäft (n)
Magie	Zauberai (f)
magie (faire de la)	zaubärä
magnifique	schön
Mai	Mai (m)
Mail	Mail (n)
Main	Hand (f)
maintenant	jezt
Maïs	Mais (m)
Maison	Huus (n)
Maître	Leerer (m)
Maîtresse	Leererin (f)
mal	schlächt
malade	chrank
Malléole	Chnöchel (m)
Mamelon	Bruschtwarzä (f)
Manchette	Schlagzilä (pl)
Mandarine	Mandarinli (n)
Mandat	Uuftrag (m)
Manteau	Mantel (m)
Maquillage	Schminkzüg (n)
Marché noir	Schwarzmärt (m)
marcher	lauffä
Mardi	Ziischtig (m)
Margarine	Margerinä (f)
Mari	Maa (m)
Mariage	Ehe (f)
Mariage	Hochziit (f)
marié	verhüratet
mariné	mariniert
Marmotte	Murmeli (n)
Marmotte	Murmeltiär (n)
Marmotte	Munggä (m)
Marque	Markä (f)
Marquise	Sunätach (n)
Mars	März (m)
Massage	Massage (f)
Matin	Morgä (m)
Maturité	Matur(a) (f)
Maux de tête	Chopfwee (n)
Maux de ventre	Buuchwee (n)
Médecin	Arzt/in (m/f)
Médicament	Hailmittel (n)
mensuellement	monatlich
Mer	Meer (n)
Merci	Danke
Merci	Merci (märsi)
Mercredi	Mittwuch (m)
Mère	Muetter (f)
mettre	aaziiä
Micro-ondes	Mikrowälä (f)
Midi	Mittag (m)
Miel	Honig (m)
mignon	härzig
mille	tuusig
Millénaire	Jaartuusig (n)
Milliard	Milliard (f)
Million	Million (f)
Minute	Minutä (f)
Miroir	Schpiägel (m)
Mode	Modä (f)
moi	ich
moins	minus
moins	weniger
Mois	Monät (m)
Monnaie	Münz (n)
Montagne	Bärg (m)
monter dans le bus	in Bus iischtigä
Mosquée	Moschee (f)
Mouche	Flügä (f)
Moustique	Muggä (f)
Mur	Wand (f)
Musique	Musig (f)
myope	churzsichtig

N

nager	schwümä
Nappe	Tischtuäch (n)
Neige	Schnee (m)
Nettoyeur	Puzzma (m)
neuf	nün
Neuf-heures	Znüni (m)
neuvième	nünt

Neveu	Näffä (m)
Nez	Nasä (f)
Nièce	Nichtä (f)
noir	schwarz
Nombril	Buuchnabel (m)
nonante	nünzg
Non-fumeur	Nichtraucher (m)
Nourriture pour bébé	Babynaarig (f)
Nouvelles	Nachrichtä (pl)
Nouvelles internationales	Ussland-Nachrichtä (pl)
Nouvelles locales	lokali Noiigkaitä (pl)
Nouvelles nationales	Inland-Nachrichtä (pl)
Novembre	Novämber (m)
nuageux	wolkig
nuageux	bedekkt
Nuit	Nacht (f)
Numéro AVS	AHV-Nummerä (f)
Numéro secret	Ghaimnummerä (f)
Nuque	Nakkä (f)
Nylon	Nylon (m)

O

Obituaire	Todesaazaig (f)
occupé	psezt
Octobre	Oktober (m)
Oeil	Aug (n)
Oeuf	Ai (n)
Office postal	Poscht (f)
Offre d'emploi	Bewärbig (f)
Oignon	Zwiblä (f)
Oignon	Bölä (pl)
Oiseau	Vogel (m)
Oncle	Unggle (m)
Ongle	Nagel (m)
Ongle	Fingernagel (m)
onze	elf
Opéra	Operä (f)
Opérateur	Vermittlig (f)
Opération	Operazion (f)
Opinion	Mainig (f)
Orage	Gwitter (n)
Orange	Orangschä (f)
Ordinateur portable	Laptop (m)
Ordonnance	Rezäpt (n)
Oreille	Oor (n)
Où?	Wo?
Ours	Bär (m)
ouvert	offä
Ouvrier	Arbaiter (m)
Ouvrière	Arbaiterin (f)
ouvrir	uufmachä

P

Paiement	Zalig (f)
Pain	Brot (n)
Pain blanc	Wiissbrot (n)
Pain complet	Vollchornbrot (n)
Pain noir	dunkels Brot (n)
Paire	Paar
Panneau indicateur	Wägwiiser (m)
Pansement	Pfläschterli (n)
Pantalons	Hosä (f)
Pantoufles	Finkä (pl)
Papier de toilette	WC-Papier (n)
Paquet	Päkkli (n)
par-dessus	über
Paragraphe	Apschnitt (m)
parapente (faire du)	Glaitschirm flügä
Parasite	Parasit (m)
Parenté	Verwandti (pl)
parfois	mängisch
Parking	Parkplazz (m)
Parking souterrain	Tüüfgarasch (f)
parler	redä
Partenaire	Partner/in (m/f)
partir	abfaarä
pas	nöd
Pas de chance	Päch
Passager	Passagier (m) (Passaschier)
Passé	Vergangähait (f)
passé (participe passé)	vergangä
Passeport	Pass (m)
Pastèque	Wassermelonä (f)
Pâtes	Pasta (f)
Pâtes	Taigwarä (pl)
Patient	Paziänt (m)
Patiente	Paziäntin (f)
patin à glace (faire du)	schliifschüändlä
Pause	Pausä (f)
Pause café	Kafipausä (f)
Pause de midi	Mittagspausä (f)
payer	zalä
Pays	Land (n)
Peau	Huut (f)
pêcher	fischä
pêcher	anglä
Pédiatre	Chinderarzt /in (m/f)
Peigne	Schträäl (m)
Peluches	Plüschtierli (n)
Pénis	Penis (m)
Pension complète	Vollpension (f)
Perche	Egli (m)
Père	Vatter (m)
Permis de conduire	Faaruuswis (m)
Permis de conduire	Bilet (n)
Perte	Verluscht (m)
Petit garçon	Büäbli (n)
Petit pain	Brötli (n)
Petit pain	Pürli (n)
Petit-déjeuner	Zmorgä (m)
Petite fille	Maitli (n)
Petite fille	Änkelin (f)
Petit-fils	Änkel (m)
Petits-enfants	Gros-chind (n)
peu	bizzeli
peu	wenig
peureux	ängschtlich
Pharmacie	Apothek
Photographie	Foti (n)
Piano	Klavir
Pic-nique	Picnic (n)
Pièce	Münzä (f)
Pièce à langer	Wickelzimmer (n)
Pied	Fuäss (m)
Pilule	Tablettä
Pilule	Pillä (f)
Pin-code	Ghaimnummerä (f)
Piqûre	Schprüzzä (f)
Piscine	Schwümmbad (n)
Piste	Pischtä
Piste de débutant	Idiotähügel (m)
Place	Ruum (m)
Place de jeu	Schpilplazz (m)
Place de parc	Parkplazz (m)
Plage	Schtrand (m)
Plaisanterie	Wizz (m)
Plan de ville	Schtadtplan (m)
Plat favori	Liäblingsässä
Plat principal	Hauptschpiis (f)
Plein temps	Vollziit (f)
pleurer	brüälä
pleuvoir	rägnä
plier	faltä
Pluie	Räge (m)
Plume	Fülli (n)
plus	mee
poêlé	prötlet
Poêle	Bratpfanä (f)
Poire	Birä (f)
Poisson	Fisch (m)
Poitrine	Bruscht (f)
Poivron	Peperoni (f)
Police	Polizai (f)
Polyester	Polyester (m)
Pomme	Öpfel (m)
Pommes de terre	Herdöpfel (m)
Pompiers	Fürweer (f)
Pont	Brugg (f)
Porte	Tüür (f)
Porte d'entrée	Huustür
Porte-bébé	Tragtüäch (n)

Porte-monnaie	Portmonee (n)
Potin	Tratsch (m)
Potin	Klatsch (m)
Poubelle	Apfall(chübel) (m)
Poule	Huän (n)
Poulet	Huän (n)
Poulet	Poulet (n) (Pule)
pour	für
pourquoi?	warum?
Poussette	Chinderwagä (m)
premier	erscht
premièrement	erschtens
Premiers secours	Erschti Hilf (f)
près	nöch
près de	bi
presbyte	wiitsichtig
Présent	Gägäwart (f)
Présentation	Präsentazion (f)
Préservatif	Kondom (n)
Préservatif	Pariser (m)
Préservatif	Gummi (m)
Préservatif	Preservatif (n)
presser	drukkä
Pression sanguine	Bluätdrukk (m)
Prévisions (temps)	Wätterpricht (m)
prier	bätä
Printemps	Früälig (m)
Prise électrique	Schtekker (m)
Prix	Priis (m)
Prix réduit	reduziertä Priis
Procès-verbal	Protokoll (n)
Produits laitiers	Milchprodukte
Prof de ski	Schiileerer/in (m/f)
Profession	Pruäf (m)
Profit	Profit (m)
prolonger	verlängerä
Propriétaire	Psizzer/in (m/f)
Propriétaire	Huus-psizzer/in (m/f)
Protester	schimpfä
Protester	mozzä
Publicité	Wärbig (f)
Punaise	Wanzä (f)
Punch	Punsch (m)

Q

Quai	Perron (n)
Quai	Glais (n)
quand?	wänn?
quarante	vierzg
quatorze	vierzä
quatre	vier
Quatre-heures	Zvieri (m)
quatrième	viert
quelque chose	öppis
quelque part	noimät
quelques	ainigi
quelques	es paar
quelqu'un	öpper
qui?	wär?
quinze	füfzä
quoi?	was?

R

Rabais	Verbilligung (f)
Rabais	Vergünschtigung (f)
Rabais	Rabatt (m)
Radio	Radio (m)
Rage	Tollwuät (f)
Ragot	Klatsch (m)
Ragot	Tratsch (m)
randonnée (faire de la)	wanderä
Rapport	Pricht (m)
raquette (faire de la)	Schneeschuä lauffä
Réception	Empfang (m)
Réception	Rezepzion (f)
Réceptionniste	Resepzionischt/in (m/f)
réclamer	schimpfä
réclamer	mozzä
reconnaissant	dankbar
Rédacteur en chef	Schefredakter/in (m/f)
Réduit	Apschtellruum (m)
Réfrigérateur	Chüälschrank (m)
Refroidissement	Vercheltig (f)
regarder	luägä
remboursé	Gäld zrugg
rembourser	Gäld zrugg gä
Renard	Fuchs (m)
Rendez-vous	Termin (m)
Repas	Maalzitä (pl)
Repas de midi	Zmittag (m)
repasser	glettä
Répertoire d'adresse	Addrässbuäch (n)
Répondeur téléphonique	Bändli (n)
Répondeur téléphonique	Telefonbeantworter (m)
répondre	antwortä
répondre	zruggschriibä
réserver	reservierä
réserver	buächä
Restaurant	Baiz (f)
Restaurant	Reschtorant (n)
Restoroute	Raschtschtettä (f)
Retard	Verschpötig (f)
retirer (de l'argent)	abhebä
Réunion	Beschprächig (f)
Revenu	Iikomä (n)
Revue	Heftli (n)
Rez-de-chaussée	Partär (n)
Rhinocéros	Nashorn (n)
Rhume	Pfnüsel (m)
Rhume des foins	Hoischnuppä (m)
Rideau	Vorhäng (pl)
Rideau de douche	Duschvorhang (m)
rien	nüt
rire	lachä
Riz	Riis (m)
Robe	Rokk (m)
Robe	Chlaid (n)
Robe	Jupe (m) (Schüpp)
Robinet	Haanä (m)
rose	rosa
rosé (cuisson)	medium
roter	görpsä
rôti	gröschtet
rougir	rot werdä
Route	Schtrass (f)
Rue	Schtrass (f)

S

Sac	Täschä (f)
Sac à dos	Rukksakk (m)
Sac à main	Handtäschli (n)
Sac en plastique	Plastiksakk (m)
saignant	bluetig
saisir	griiffä
Saison	Jaareszіit (f)
Salade	Salat (m)
Salade pommée	Chopfsalat (m)
Salaire	Loon (m)
Salami	Salami (m)
salé	salzig
Salle à manger	Ässzimmer (n)
Salle de bain	Badzimmer (n)
Salle de fitness	Fitnessruum (m)
Salon	Schtubä (f)
Salut	Hoi
Salut	Sali
Salut	Salü
Samedi	Samschtig (m)
Sandwich	Sandwich (m)
Sang	Bluät (n)
Sanglier	Wildsau (f)
sans	ooni
Santé	Proscht
satisfait	zfridä
Sauce	Sosä (f)
Sauce à salade	Salatsossä (f)
Saucisse	Wurscht (f)
Saumon	Lachs (m)
sauté	prötlet
Savon	Soiffä (f)
sculpter (sur bois)	schnizzä

se détester	sich hassä
se marier	hüratä
se moucher	schnüüzä
Séance	Sizzig (f)
Séance	Meeting (n) (Miiting)
sec	trochä
Sèche-linge	Tumbler (m) (Tömbler)
Sèche-main	Händtröchner (m)
sécher	uusTröchnä
sécher	tröchnä
Seconde	Sekundä (f)
secouer	schüttlä
Secrétaire	Sekretär/in (m/f)
Sécurité	Sicherhait (f)
Seins	Busä (m)
seize	sächzä
Séjour	Schtubä (f)
Séjour	Ufenthalt
Semaine	Wuchä (f)
Sentier pédestre	Wanderwäg (m)
sentir	schmökkä
séparé	trännt
sept	sibä
septante	sibäzg
Septembre	Septämber (m)
septième	sibät
Serpent	Schlangä (f)
Service de réveil	Wekkaaruäf (m)
Services	Pschtekk (n)
Serviette	Tüächli (n)
Serviette	Serviettä (f)
Serviette en papier	Papiertuäch (n)
Set de table	Tischmattä (f)
shopping (faire du)	lädälä
Shorts	Shorts (pl)
Siècle	Jaarhundert (n)
Signature	Unterschrift (f)
Signer	underschriibä
S'il vous plaît	Bitte
Singe	Aff (m)
Sirop	Sirup (m)
six	sächs
sixième	sächst
Ski	Schii (m)
ski (faire du)	schiifaarä
Slip	Underhosä (f)
snowboard (faire du)	snöbä
snowboard (faire du)	bordä
snowboarder	Snowboard faarä
Société	Gsellschaft (f)
Soeur	Schwöschter (f)
Soie	Sidä (f)
Soif	Turscht (m)
Soins intensifs	Intensivschtazion (f)
Soir	Aabig (m)
soixante	sächzg
Sol	Bodä (m)
Soldes	Uusverchauff (m)
Soleil	Sunä (f)
solitaire	ainsam
Sommet	Gipfel (m)
Somnifère	Schlaftablettä (f)
Sonnette	Huusgloggä (f)
Sorbet	Glacé (n) (Glasse)
Sortie	Usgang (m)
Sortie de secours	Notusgang (m)
sortir (du pays)	uusraisä
Souliers de marche	Wanderschuä (pl)
Souliers de ski	Schiischuä (m)
Souper	Znacht (m)
Souper	Znachtässä (n)
Sourcils	Augebrauä (f)
sourire	lächlä
Souris	Muus (f)
Souris	Müsli (n)
sous	under
Sous-sol	Undergschoss (n)
Sous-vêtements	Underwösch (f)
Soutien-gorge	Beha (m)
Spam	Späm (n)
Sport	Schport (m)
Stagiaire	Praktikant/in (m/f)
Star	Schtar (m)
Station	Schtazion(f)
Station service	Tankschtell (f)
Steak	Steak (n)
stressé	gschtresst
Studio	Schtudio (n)
Stylo	Chugi (m)
sucer	lutschä
sucer	sugä
sucer son pouce	am Dumä suggelä
Sucre	Zukker (m)
sucré	süäss
Suisse	Schwiizer (m)
Suissesse	Schwiizerin (f)
suivre (faire)	forwardä
suivre (faire)	wiiterlaitä
super	fantastisch
Suppositoire	Zäpfli (n)
sur	uf
surpris	überrascht
Synagogue	Synagogä (f)

T

Table	Tisch (m)
Taches de rousseur	Märzetüpfli (pl)
Taches de rousseur	Summerschprossä (pl)
Taille	Talliä (f)
Tante	Tantä (f)
tard	schpaat
Tarte aux fruits	Wäjä (f)
Tasse	Tassä (f)
Taureau	Schtiär (m)
Taux de change	Wächselratä (f)
Taux d'intérêt	Zins (m)
Taxe	Gebür
Taxi	Taxi (m)
Technicien	Techniker (m)
Technicienne	Technikerin (f)
télécharger	abeladä
télécharger	downlowdä
Télécommande	Fernbediänig (f)
Téléphone mobile	Händi (n)
Téléphone mobile	Natel (n)
téléphoner	aalütä
téléphoner	telefoniärä
Téléréseau	Kabelfernse (n)
Télésiège	Sässelilift (m)
Téléski	Schiilift (m)
Télévision	Fernse (n)
Température	Temperatur (f)
Tempête	Schturm (m)
Temps	Wätter (n)
Temps libre	Freiziit (f)
Temps partiel	Tailziit (f)
tenir	hebä
tenir	griiffä
Terrasse	Terrassä (f)
Test	Tescht (m)
Tête	Chopf (m)
téter	sugä
Thé	Tee (m)
Thé froid	listee (m)
Thon	Ton (m)
Tigre	Tiger (m)
Timbre	Markä (f)
Timbre postal	Poschtschtämpfel (m)
timide	schüch
Tiroir	Schubladä (f)
Toast	Tooscht (m)
Toilettes	Toilettä (f)
Toilettes	WC (n)
Toilettes femmes	Frauätoilettä (pl)
Toilettes homme	Mannätoilettä (pl)
Toit	Tach (n)
Tomate	Tomatä (f)
Tombée de la nuit	Dämmerig (f)
Tombée de la nuit	Aabigdämmerig (f)
tomber	umgheiä
tomber	umfallä
Tondeuse à gazon	Rasämäier (m)
Tonnerre	Tunner (m)
Top	Obertail (n)
Tortue	Schildchrot (f)
tôt	früä

toucher	berüärä
toucher	aalangä
Touriste	Turischt/in (m/f)
tousser	huäschtä
tout droit	graduus
Train	Zug (m)
traire	mälchä
Tram	Tram (n)
transférer	überwiisä
travailler	schaffä
treize	drizä
trente	drissg
tricher	pschissä
tricher	abluägä
tricher	schpikkä
triste	truurig
trois	drü
troisième	dritt
trop	z'vill
trop peu	z'wenig
trop salé	versalzä
Truite	Forälä (f)
T-shirt	T-Shirt (n)
T-shirt	Liibli (n)

U

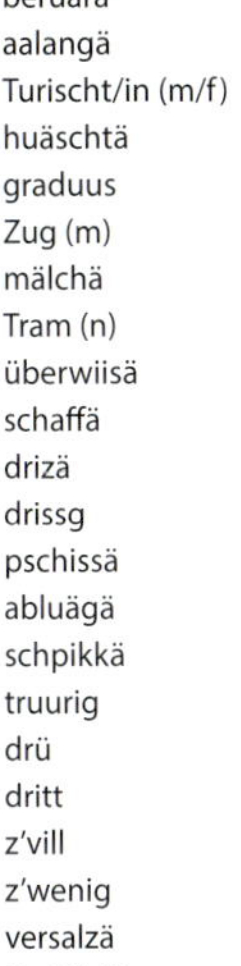

un	ais
Uniforme	Uniform (f)
Université	Uni(versität) (f)
Urgence	Notfall (m)
Urgences	Notufnaam (f)

V

Vacances	Feriä (pl)
vacciner	impfä
Vache	Chuä (f)
Vagin	Vagina (f)
Vaisselle	Gschirr (n)
valable	gültig
Vallée	Taal (n)
Vélo	Velo (n) (Welo)
Vendeur	Verchoiffer (m)
Vendeuse	Verchoifferin (f)
vendre	verchauffä
Vendredi	Friitig (m)
Vent	Wind (m)
Ventre	Buuch (m)
Ver	Wurm (m)
Verre	Glas (n)
vert	grüän
Veste	Jagge (f)
Veston	Jagge (f)
Vêtements	Chlaider (pl)
Viande	Flaisch (n)
Viande de boeuf	Rindflaisch (n)
Viande de porc	Schwinigs (n)
Viande de porc	Schwaineflaisch (n)
Viande de veau	Chalbflaisch (n)
Vieil homme	altä Maa (m)
Vieille dame	alti Frau (f)
Village	Dorf (n)
Village	Dörfli (n)
Ville	Schtadt (f)
Ville	City (f)
Vin	Wii (m)
Vin blanc	Wiisswii (m)
Vin blanc	Wiissä (m)
Vin chaud	Glüäwii (m)
Vin rouge	Rotwii (m)
Vin rouge	Rotä (m)
vingt	zwänzg
violet	violett
Violon	Giigä
VIP	Promi (m)
VIP	VIP (m) (Wiaipi)
Virement postal	Gäldüberwiisig (f)
Virus	Wirus (m)
Visa	Wisum (n)
Visage	Gsicht (n)
vite	schnäll
Voie	Glais (n)
voir	gsee
voisin/e	Nachbar/in (m/f)
Voisins	Nachbarä (pl)
Voiture	Auto (n)
Voleur	Diäb (m)

W

Wagon restaurant	Schpiiswagä (m)
Week-end	Wuchänänd (n)

Y

Yogourt	Joghurt (n)

Z

Zèbre	Zebra (n)
zéro	null
Zoo	Zoo (m)

ALLEZ AU DICTIONNAIRE SUISSE ALLEMAND - FRANÇAIS

SUISSE ALLEMAND – FRANÇAIS

A

a(m)	à
Aabig (m)	Soir
Aabigdämmerig (f)	Tombée de la nuit
aalangä	toucher
Aalass (m)	Evénement
aalütä	téléphoner
Aaruäf (m)	Appel
aaziiä	mettre
aazogä	habillé
Aazug (m)	Complet
abä	en bas
abeladä	télécharger
abfaarä	démarrer
abfaarä	partir
abhebä	retirer (de l'argent)
abluägä	copier
abluägä	tricher
Abrais (f)	Départ
Abtailig (f)	Département
Abtailig (f)	Division
Abwöschmaschine (f)	Machine à laver
acht	huit
acht	huitième
Achtung	Attention
achtzg	huitante
achzä	dix-huit
Addrässbuäch (n)	Répertoire d'adresse
Adieu (Adjö)	au revoir
Adler (m)	Aigle
Adrässä (f)	Adresse
Aff (m)	Singe
Agschtellte (m)	Employé
Agschtellti (f)	Employée
AHV-Nummerä (f)	Numéro AVS
Ai (n)	Oeuf
Aidächsli (n)	Lézard
ainigi	quelques
ainsam	solitaire
ais	un
Alergii (f)	Allergie
Alkohol	Alcool
allergisch	allergique
altä Maa (m)	Vieil homme
alti Frau (f)	Vieille dame
am Dumä suggelä	sucer son pouce
Amaisä (f)	Fourmi
Ambulanz (f)	Ambulance
Amplä (f)	Feux de signalisation
Än Guetä	Bon appétit
anglä	pêcher
ängschtlich	inquiet
ängschtlich	peureux
Änkel (m)	Petit-fils
Änkelin (f)	Petit-fille
antwortä	répondre
anuliert	Annulé
Apéro (m)	Apéro
Apfall (m)	Déchets
Apfall(chübel) (m)	Poubelle
Apothek	Pharmacie
Après-Ski (n) (Aprä Schii)	Après-ski
April (m)	Avril
Apsänder/in (m/f)	Expéditeur
Apschnitt (m)	Paragraphe
Apschtellruum (m)	Réduit
Apszäss (m)	Abcès
Arbaiter (m)	Ouvrier
Arbaiterin (f)	Ouvrière
Arbetgeber/in (m/f)	Employeur
Arbetskolleg /in (m/f)	Collègue de travail
Arbetsmappä (f)	Attaché-case
Arm (m)	Bras
Aromat (n)	Aromate
Arzt/in (m/f)	Médecin
Aschpirin (n)	Aspirine
aschtekkänd	contagieux
Aschtma (n)	Asthme
Asischtänt (m)	Assistant
Asischtäntin (f)	Assistante
Ässzimmer (n)	Salle à manger
Attachment (n)	Attachment
Aug (n)	Oeil
Augebrauä (f)	Sourcils
Auguscht (m)	Août
Auto (n)	Voiture
Auto faarä	conduire
Autobaan (f)	Autoroute

B

Baanhof (m)	Gare
Babynaarig (f)	Nourriture pour bébé
Badwannä (f)	Baignoire
Badzimmer (n)	Salle de bain
Baggä (m)	Joue
Bai (n)	Jambe
Baiz (f)	Bistrot
Baiz (f)	Restaurant
bald	bientôt
Balkon (m)	Balcon
Bananä (f)	Banane
Bändli (n)	Répondeur téléphonique

Le dictionnaire

Bank (f)	Banque
Bankkonto (n)	Compte bancaire
Banknotä (f)	Billet de banque
Bänzin (n)	Essence
Bar (f)	Bar
Bär (m)	Ours
Bärg (m)	Montagne
Bargäld (n)	Cash
bätä	prier
Baum (m)	Arbre
Baumwule (f)	Coton
bedekkt	couvert
bedekkt	nuageux
Beha (m)	Soutien-gorge
beige (bäsch)	beige
bekannt	célèbre
Berater (m)	Conseiller
Beraterin (f)	Conseillère
Berliner (m)	Boule de Berlin
berüämt	célèbre
berüärä	toucher
Beschprächig (f)	Réunion
besorgt	inquiet
Bettaazug (m)	Literie
Bettdekki (f)	Couverture de lit
Bettdekki (f)	Duvet
Bettuäch (n)	Couvre-lit
Bewärbig (f)	Offre d'emploi
Bewilligung (f)	Autorisation
bi	près de
Biänä (f)	Abeille
Biändli (n)	Abeille
Biär (n)	Bière
Bilet	Billet
Bilet (n)	Permis de conduire
Birä (f)	Poire
bis	jusqu'à
Bitte	S'il vous plaît
bitter	amer
bizzeli	peu
blau	bleu
Bleischtift (m/n)	Crayon
Blinddarmenzündig(f)	Appendicite
blinzlä	cligner des yeux
Blizz (m)	Eclair
blööd	bête
Blööterli (pl)	Bulles
Blööterliwasser (n)	Eau minérale gazeuse
Bluämächöl (m)	Chou-fleur
Bluät (n)	Sang
Bluätdrukk (m)	Pression sanguine
bluetig	saignant
Blusä (f)	Blouse
Bodä (m)	Sol
Bölä (pl)	Oignon
Bonus (m)	Bonus
Boonä (f)	Haricots
bordä	snowboard (faire du)
bös	en colère
bös	fâché
Bratpfanä (f)	Poêle
Breili (n)	Bouillie
Briäf (m)	Lettre
Briäfchaschtä (m)	Boîte aux lettres
Broggoli (m)	Brocoli
Brot (n)	Pain
Brötli (n)	Petit pain
Brüäder (m)	Frère
brüälä	pleurer
Brugg (f)	Pont
Brülä (f)	Lunettes
Brunch (m)	Brunch
Brüneli (n)	Lavabo
Bruscht (f)	Poitrine
Bruschtwarzä (f)	Mamelon
bruun	brun
Buäb (m)	Garçon
Büäbli (n)	Petit garçon
Buäch (n)	Livre
buächä	réserver
Büächergschtell (n)	Bibliothèque
Büächerladä (m)	Librairie
Buächhandlig (f)	Librairie
büfflä	bachoter
büfflä	bosser
Bügälisä (n)	Fer à repasser
Büro (n)	Bureau
Bürschtä (f)	Brosse
Bus	Bus
Busä (m)	Seins
Busbilet (n)	Billet de bus
Bushalteschtell (f)	Arrêt de bus
Büsi (n)	Chat
Butter	Beurre
Buuch (m)	Ventre
Buuchnabel (m)	Nombril
Buuchwee (n)	Maux de ventre

C

Cappuccino (m)	Cappucino
Cash (m)	Cash
Chäfer (m)	Coléoptère
Chalbflaisch (n)	Viande de veau
Chäller (m)	Cave
chalt	froid
Chalti Getränk (pl)	Boissons froides
Chalti Schoggi (f)	Chocolat froid
Chämi (n)	Cheminée
Chappä (f)	Béret
Chappä (f)	Bonnet
Chappä (f)	Casquette
Chartä (f)	Carte
chäsä	fromage (faire du)
Chaschtä (m)	Armoire
chauffä	achats (faire des)
chauffä	acheter
Chazz (f)	Chat
Chilä (f)	Eglise
Chind	Enfant
Chinderarzt /in (m/f)	Pédiatre
Chinderbettli (n)	Lit d'enfant
Chinderwagä (m)	Poussette
Chinderzimmer (n)	Chambre d'enfant
Chindsgi (m)	Jardin d'enfant
Chischtä (f)	Caisse
Chlaid (n)	Habit ou robe
Chlaid (n)	Robe
Chlaider (pl)	Vêtements
Chlaiderbügel (m)	Cintre
Chlaidervorschrift (f)	Code vestimentaire
Chnoblauch (m)	Ail
Chnobli (m)	Ail
Chnochäbruch (m)	Fracture
Chnöchel (m)	Malléole
Chnopf (m)	Bouton
Chnü (n)	Genou
Cholesüüri (m)	Gaz carbonique
Chopf (m)	Tête
Chopfsalat (m)	Salade pommée
Chopfwee (n)	Maux de tête
Choschtä (pl)	Coûts
Chragä (m)	Col
Chrampf (m)	Crampe
chrank	malade
Chrankäkassä	Caisse maladie
Chrankäschwöschter (f)	Infirmière
Chrankäwagä (m)	Ambulance
Chriäsi (n)	Cerise
Chrippä (f)	Crèche
Chrüüzig (f)	Croisement
Chuä (f)	Vache
Chuächä (m)	Gâteau
Chüälschrank (m)	Frigo
Chüälschrank (m)	Réfrigérateur
Chuchi (f)	Cuisine
Chuchiablagä (pl)	Desserte
chüel	frais
Chugi (m)	Stylo
Chund (m)	Client
Chundin (f)	Cliente
Chüngel (m)	Lapin
churz	court
churzsichtig	myope
Chüssi (n)	Coussin
City (f)	Ville
Coggi (n)	Coca
Cola (n)	Coca

Comic (m)	Bande-dessinée
Consierge (m)	Concierge
cool	cool
cool	détendu
Cousine (f)	Cousine
Couvert (n) (Kuwäär)	Enveloppe
Crème (f)	Crème
Crevettä (f) (Gröwettä)	Crevettes

D

da	là
Dämmerig (f)	Aube
Dämmerig (f)	Tombée de la nuit
dankbar	reconnaissant
Danke	Merci
Darleä (n)	Emprunt
Darleä (n)	Hypothèque
deet	là-bas
Dekadä (f)	Décennie
Deo (m)	Déodorant
Depot (n)	Dépôt
Depot (n)	Garantie
depressiv	dépressif
Dessert (m)	Dessert
Deux-Pieces (n)	Complet
Dezämber (m)	Décembre
Diäb (m)	Voleur
Diäb!	Au voleur
Diabetiker/in (m/f)	Diabétique
Diabetis (f)	Diabète
Ding (n)	Chose
Diräktor/in (m/f)	Directeur
Disco (f)	Disco
doof	bête
Doolä (f)	Choucas
Dorf (n)	Village
Dörfli (n)	Village
downlowdä	télécharger
drissg	trente
dritt	troisième
drizä	treize
Drogä	Drogues
drü	trois
drukkä	imprimer
drukkä	presser
Drukker (m)	Imprimante
dunkel	foncé
dunkels Brot (n)	Pain noir
Dunnschtig (m)	Jeudi
dur(ch)	à travers
Durchfall (m)	Diarrhée
Duschi (f)	Douche
Duschvorhang (m)	Rideau de douche
Duvet (n) (Düwe)	Couverture de lit

E

EC-Chartä (f)	Carte EC
EC-Chartä (f)	Carte maestro
Eggä (m)	Coin
Egli (m)	Perche
Ehe (f)	Mariage
Eläbogä (m)	Coude
Elefant (m)	Eléphant
Elektrogschäft (n)	Magasin d'électricité
elf	onze
E-Mail (n)	E-mail
E-Mailadrässä	Adresse e-mail
Empfang (m)	Réception
energisch	énergique
entlang	le long de
entschuldigung	Excusez-moi
enttüscht	déçu
Enzündig (f)	Infection
Enzündig (f)	Inflammation
Erdbeeri (n)	Fraise
Erdnussbutter (m)	Beurre de cacahouète
erscht	premier
erschtens	premièrement
Erschti Hilf (f)	Premiers secours
erschtunt	étonné
Erwachsenä (m)	Adulte
Erwachseni (f)	Adultes
es paar	quelques
Eschtrich (m)	Grenier
Esel (m)	Ane
Espresso (m)	Expresso
Event (m)	Evénement
exgüse	excusez-moi

F

Faanä (f)	Drapeau
Faaruuswis (m)	Permis de conduire
fad	fade
Fäld (n)	Champ
falsch	faux
faltä	joindre (les mains)
faltä	plier
Fänschter (n)	Fenêtre
fantastisch	génial
fantastisch	super
Fäscht (n)	Fête
Februar (m)	Février
Felchä (f)	Féra
Feriä (pl)	Vacances
Fernbediänig (f)	Télécommande
Fernse (n)	Télévision
Fiäber (n)	Fièvre
Finger (m)	Doigt
Fingernagel (m)	Ongle
Finkä (pl)	Pantoufles
Fisch (m)	Poisson
fischä	pêcher
Fitnessruum (m)	Salle de fitness
Flaisch (n)	Viande
Flügä (f)	Mouche
Flugzüg (n)	Avion
Flugzüg-Tikket (n)	Billet d'avion
flüschterä	chuchoter
Fluss (m)	Fleuve
Flusspferd (n)	Hippopotame
foif	cinq
foift	cinquième
Föön (m)	Foehn
Forälä (f)	Truite
forwardä	suivre (faire)
Foti (n)	Photographie
Frau (f)	Femme
Frauätoilettä (pl)	Toilettes femmes
frei	libre
Freiziit (f)	Loisirs
Freiziit (f)	Temps libre
Friitig (m)	Vendredi
frittiert	frit
Frölain (n)	Demoiselle
froo	content
fröölich	gai
früä	tôt
Früälig (m)	Printemps
Frucht (f)	Fruit
Fründ (m)	Copain
Fründin (f)	Copine
Fuäss (m)	Pied
Fuchs (m)	Renard
Füdli (n)	Fesses
füecht	humide
füfzä	quinze
füfzg	cinquante
Fülli (n)	Plume
für	pour
Fürweer (f)	Pompiers
Füür	Feu

G

gääl	jaune
gäänä	bailler
Gablä (f)	Fourchette
gaga	fou
gägä	contre
Gägägift (n)	Antidote
gägänüber	en face
Gägäwart (f)	Présent
Gaiss (f)	Chèvre
Gäld (n)	Argent

Le dictionnaire

Gäld zrugg	remboursé
Gäld zrugg gä	rembourser
Gäldüberwiisig (f)	Virement postal
gämblä	jouer
Gäms (f)	Chamois
Gang	Couloir
Gang (m)	Corridor
Garantii	Garantie
Garasch (f)	Garage
Gardärobä (f)	Garde-robe
Gartä (m)	Jardin
Gebäkk (n)	Articles de boulangerie
Geboide (n)	Bâtiment
Gebür	Taxe
Gebür (f)	Frais (les)
geimä	jouer
Genemigung (f)	Autorisation de séjour
Geografi (f)	Géographie
Gepäkk (n)	Bagages
geschter	hier
Ghaimnummerä (f)	Numéro secret
Ghaimnummerä (f)	Pin-code
Ghirnerschütterig (f)	Commotion cérébrale
ghörä	entendre
Gigampfi (n)	Balançoire
giggerig	excité (sexuellement)
Giigä	Violon
Gimi (n)	Collège
Gimi (n)	Gymnase
Gimi (n)	Lycée
Gipfel (m)	Sommet
Gipfeli (n)	Croissant
Giraitsi (pl)	Balançoire
gkocht	cuit
Glacé (n) (Glasse)	Glace
Glacé (n) (Glasse)	Sorbet
Glais (n)	Voie
Glais (n)	Quai
Glaitschirm flügä	parapente (faire du)
glangwiilet	ennuyé
Glas (n)	Verre
glettä	repasser
gli	bientôt
Glüäwii (m)	Vin chaud
glükklich	heureux
Gmüäs (n)	Légumes
gmüätlich	confortable
gmüätlich	cosy
goldig	doré
Golf	Golf
Gomfi (f)	Confiture
Gomfiglas (n)	Bocal à confiture
görpsä	roter
grad	bientôt

graduus	tout droit
Gränzä (f)	Frontière
Grapefruitsaft (m)	Jus de pamplemousse
grau	gris
Grawattä (f)	Cravate
griiffä	saisir
griiffä	tenir
griliert	grillé
Grill (m)	Grill
Grillfäscht (n)	Grillade
Grillparty (f)	Grillade
Grippe (f)	Grippe
Gros-chind (n)	Petits-enfants
gröschtet	rôti
Groselterä (pl)	Grands-parents
Grosmuetter (f)	Grand-mère
gross	grand
Grostantä (f)	Grande-tante
Grosunggle (m)	Grand-oncle
Grosvatter (m)	Grand-père
grüän	vert
Grüezi	Bonjour
Grüezi	Bonsoir
Gschäft (n)	Entreprise
gschidä	divorcé
Gschirr (n)	Vaisselle
Gschmakk (m)	Goût
gschtresst	stressé
Gschwüschterti (pl)	Frères et soeurs
gsee	voir
Gsellschaft (f)	Société
Gsicht (n)	Visage
Guätä Tag	bonjour
guet	bien
Güggel (m)	Coq
gültig	valable
Gummi (m)	Capote
Gummi (m)	Gomme
Gummi (m)	Préservatif
Güppli (n)	Coupe de champagne
Gurt (m)	Ceinture
Gürtel (m)	Ceinture
Gwitter (n)	Orage
Gwürz (pl)	Epices

H

Haanä (m)	Robinet
Haar (pl)	Cheveux
Haferflokkä (pl)	Céréales
Hagel (m)	Grêle
haglä	grêler
Hailmittel (n)	Médicament
haimelig	cosy
haimelig	confortable
haiss	chaud
Haissi Milch (f)	Lait chaud
Haissi Schoggi (f)	Chocolat chaud
Halbpension (f)	Demi pension
Hals (m)	Cou
Hämp (n)	Chemise
Hand (f)	Main
Händi (n)	Téléphone mobile
Handörgeli (n)	Accordéon
Handtäschli (n)	Sac à main
Händtröchner (m)	Sèche-main
Häntschä (pl)	Gants
Härd (m)	Cuisinière
Härpscht (m)	Automne
Härz (n)	Coeur
härzig	chou
härzig	mignon
hassä	détester
hässig	de mauvaise humeur
Hauptschpiis (f)	Plat principal
hebä	tenir
Heftli (n)	Revue
hell	clair
Herdöpfel (m)	Pommes de terre
Herusgeber (m)	Editeur
Herusgeberin (f)	Editrice
hetero(sexuell)	hétéro(sexuel)
Hilf (f)	Aide
Hilfe!	Au secours!
Himbeeri (n)	Framboise
hinder	derrière
Hinderlegig (f)	Dépôt
Hinderlegig (f)	Garantie
Hirsch (m)	Cerf
Hizz (f)	Chaleur
Höämeter (m)	Altimètre
Hobis (pl)	Hobbies
höch	haut
Hochziit (f)	Mariage
Hoi	Salut
Hoischnuppä (m)	Rhume des foins
homo(sexuell)	homo(sexuel)
Honig (m)	Miel
Hormon (pl)	Hormones
Hosä (f)	Pantalons
Huän (n)	Poule
Huän (n)	Poulet
Huänerhuut (f)	Chair de poule
huäschtä	tousser
Huät (m)	Chapeau
Hüft (f)	Hanche
Hügel (m)	Colline
Hülsäfrücht (pl)	Légumineuses
Humoor (m)	Humour
Hund (m)	Chien

hundert	cent
hunderttuusig	cent mille
Hunger (m)	Faim
hüratä	se marier
hüt	aujourd'hui
Huus (n)	Maison
Huus)ufgabä (pl)	Devoirs
Huusgloggä (f)	Sonnette
Huus-psizzer/in (m/f)	Propriétaire
Huustür	Porte d'entrée
Huut (f)	Peau
Hypothek (n)	Hypothèque

I

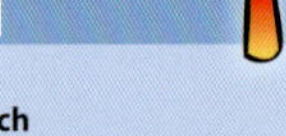

ich	je
ich	moi
Ichaufszentrum (n)	Centre commercial
Idiotähügel (m)	Piste de débutant
ifersüchtig	jaloux
Igschribnä Briäf (m)	Courrier inscrit
Igschribnä Briäf (m)	Lettre recommandée
Iichaufs-Täschä (f)	Cabas à commission
Iigang (m)	Entrée
Iigangshallä (f)	Entrée
Iigangshallä (f)	Hall
Iikomä (n)	Revenu
iiloggä	log-in (faire le)
iiraisä	entrer (dans le pays)
Iistee (m)	Thé froid
iitschäggä	check-in (faire le)
impfä	vacciner
in	dans
in Bus iischtigä	monter dans le bus
Inland-Nachrichtä(pl)	Nouvelles nationales
Inschtrumänt (n)	Instrument
Insekt (n)	Insecte
Inslä (f)	Ile
Intensivschtazion (f)	Soins intensifs
internazionalä Aaruäf (m)	Appel international
inweschtierä	investir
Inweschtizion (f)	Investissement
irr	fou

J

Jaar (n)	Année
Jaareszììt (f)	Saison
Jaarhundert (n)	Siècle
Jaartuusig (n)	Millénaire
Jagge (f)	Veste
Jagge (f)	Veston
Januar (m)	Janvier
Jass	Jass (le jeu)
jassä	jouer au jass
Jeans (pl)	Jeans
jezt	maintenant
Jobbeschribig (f)	Cahier des charges
jodlä	jodler
Joghurt (n)	Yogourt
Jugendhärbärg (f)	Auberge de jeunesse
Juli (m)	Juillet
jungä Maa (m)	Jeune homme
jungi Frau (f)	Jeune femme
Juni (m)	Juin
Jupe (m) (Schüpp)	Jupe
Jupe (m)	Robe

K

Kabelfernse (n)	Téléréseau
Kafi (n)	Café
Kafi crème (m)	Café crème
Kafipausä (f)	Pause café
Kakerlakä (f)	Cafard
kämpierä	camper
känslä	annuler
Kantinä (f)	Cantine
Kanton (m)	Canton
kaputt	cassé
Käs (m)	Fromage
Kassierer (m)	Caissier
Kassiererin (f)	Caissière
Katedraale (f)	Cathédrale
Kauzion	Caution
Klatsch (m)	Potin
Klatsch (m)	Ragot
Klavir	Piano
Klima (n)	Climat
Klinik (f)	Clinique
Komission (f)	Commission
Kondom (n)	Préservatif
Konfäränz (f)	Conférence
Kontinänt (m)	Continent
Konzärt (n)	Concert
kopierä	copier
Körperlozioon (f)	Lotion corporelle
Koschtüm (n)	Complet
Koschtüm (n)	Costume
Krabä (f)	Crabe
Kreditchartä (f)	Carte de crédit
Krokodil (n)	Crocodile
Kunscht (f)	Art
Kurs (m)	Cours
Kuss (m)	Baiser
Kuss (m)	Bisou
küssä	embrasser

L

Läbere (f)	Foie
Labor (n)	Laboratoire
lachä	rire
lächlä	sourire
Lachs (m)	Saumon
Ladä (m)	Magasin
lädälä	shopping (faire du)
Läder (n)	Cuir
Lagerhallä (f)	Entrepôt
Lagerhallä (f)	Magasin
Laischtigsbewärtig(f)	Certificat de travail
Lamm (n)	Agneau
Land (n)	Pays
landä	atterrir
lang	long
Laptop (m)	Ordinateur portable
läsä	lire
lässig	élégant
Latte Macchiato (f)	Latte macchiato
lauffä	marcher
Lavabo (n)	Lavabo
Lawinä	Avalanche
ledig	célibataire
Leerer (m)	Maître
leerä	apprendre
Leererin (f)	Maîtresse
Leerling (m)	Apprenti
lernä	enseigner
lesbisch	lesbienne
liäbä	aimer
Liäblingsässä	Plat favori
Lift (m)	Ascenseur
Liibli (n)	T-shirt
Liinä (f)	Lin
lila	lilas
Limone (f)	Lime
linggs	gauche
Linsä (pl)	Lentilles
Iis (n)	Glace
Lobbi (f)	Hall
Loi (m)	Lion
lokalä Aaruäf (m)	Appel local
lokali Noiigkaitä (pl)	Nouvelles locales
Loon (m)	Salaire
losä	écouter
löschä	effacer
luägä	regarder
Luchs (m)	Lynx
Luftposcht (f)	Aérogramme
Luftposcht (f)	Air-mail
luschtig	amusant
luschtig	drôle
lutschä	sucer

M

Maa (m)	Mari
Määl (n)	Farine
Maalzitä (pl)	Repas
Magä (m)	Estomac
Mai (m)	Mai
Mail (n)	Mail
Mainig (f)	Opinion
Mais (m)	Maïs
Mais-cholbä (m)	Epi de maïs
Maisonette-Wonig (f)	Duplex
Mait(ä)li (n)	Fille
Maitli (n)	Petite fille
mälchä	traire
Manager/in (m/f)	Cadre
Mandarinli (n)	Mandarine
mängisch	parfois
Mannätoilettä (pl)	Toilettes homme
Mantel (m)	Manteau
Mäntig (m)	Lundi
Mappä (f)	Attaché-case
Marder (m)	Fouine
Margerinä (f)	Margarine
mariniert	mariné
Markä (f)	Marque
Markä (f)	Timbre
März (m)	Mars
Märzetüpfli (pl)	Taches de rousseur
Massage (f)	Massage
Mässer (n)	Couteau
Matur(a) (f)	Baccalauréat
Matur(a) (f)	Maturité
medium	rosé (cuisson)
mee	plus
Meer (n)	Mer
Meeresfrücht (pl)	Fruits de mer
Meersoili (n)	Cochon d'Indes
Meeting (n) (Miiting)	Séance
Merci (märsi)	merci
Mieti	Loyer
Mikrowälä (f)	Micro-ondes
Milch	Lait
Milchkafi (m)	Café au lait
Milchprodukte	Produits laitiers
mild	doux
Milliard (f)	Milliard
Million (f)	Million
Mineralwasser (n)	Eau minérale
minus	moins
Minutä (f)	Minute
mit	avec
Mittag (m)	Midi
Mittagspausä (f)	Pause de midi
Mittwuch (m)	Mercredi
Modä (f)	Mode
Moisebussard (m)	Buse
Momänt (m)	Instant
Monät (m)	Mois
monatlich	mensuellement
Morgä (m)	Matin
Morgädämmerig (f)	Aube
morn	demain
Moschee (f)	Mosquée
Moscht (m)	Essence (familier)
mozzä	Protester
mozzä	réclamer
müäd	fatigué
Muetter (f)	Mère
Muggä (f)	Moustique
Munggä (m)	Marmotte
Münz (n)	Monnaie
Münzä (f)	Pièce
Murmeli (n)	Marmotte
Murmeltiär (n)	Marmotte
Musig (f)	Musique
Müsli (n)	Souris
Muul (n)	Bouche
Muus (f)	Souris

N

näbäd	à côté de
Näbel (m)	Brouillard
nach	après
Nachbar/in (m/f)	Voisin/e
Nachbarä (pl)	Voisins
Nachrichtä (pl)	Nouvelles
Nacht (f)	Nuit
Näffä (m)	Neveu
Nagel (m)	Ongle
Nakkä (f)	Nuque
Namittag (m)	Après-midi
Nasä (f)	Nez
Nashorn (n)	Rhinocéros
Natel (n)	Téléphone mobile
Nichtä (f)	Nièce
Nichtraucher (m)	Non-fumeur
niidisch	envieux
Nilpferd (n)	Hippopotame
nöch	près
nöd	pas
noimät	quelque part
Notfall (m)	Urgence
Notufnaam (f)	Urgences
Notusgang (m)	Sortie de secours
Novämber (m)	Novembre
Nuggi (m)	Lolette
null	zéro
nün	neuf
nünt	neuvième
nünzä	dix-neuf
nünzg	nonante
nüt	rien
Nylon (m)	Nylon

O

Oberschinä (f)	Aubergine
Obertail (n)	Haut (vêtement)
Obertail (n)	Top
Ofä (m)	Four
offä	ouvert
Oktober (m)	Octobre
Olivenöl (n)	Huile d'olive
ooni	sans
Oor (n)	Oreille
Operä (f)	Opéra
Operazion (f)	Opération
Öpfel (m)	Pomme
Öpfelsaft (m)	Jus de pomme
öpper	quelqu'un
öppis	quelque chose
Orangschä (f)	Orange
Orangschäsaft (m)	Jus d'orange
O-Saft (m)	Jus d'orange

P

Paar	Couple
Paar	Paire
Päch	Pas de chance
Päkkli (n)	Paquet
Papierchorb (m)	Corbeille
Papiertuäch (n)	Serviette en papier
Parasit (m)	Parasite
Pariser (m)	Capote
Pariser (m)	Préservatif
Pariserbrot (n)	Baguette
Parkplazz (m)	Parking
Parkplazz (m)	Place de parc
Partär (n)	Rez-de-chaussée
Partner/in (m/f)	Partenaire
Party (f) (Parti)	Fête
Pass (m)	Passeport
Passagier (m) (Passaschier)	Passager
Pasta (f)	Pâtes
Pausä (f)	Pause
Paziänt (m)	Patient
Paziäntin (f)	Patiente
Penis (m)	Pénis
Pensionskassä (f)	Caisse de pension
Peperoni (f)	Poivron
Perron (n)	Quai
Pfanä (f)	Casserole
Pfläschterli (n)	Pansement
Pfnüsel (m)	Rhume
Picnic (n)	Pic-nique

piinlich	gênant
piinlich	humiliant
Pillä (f)	Pilule
Pischtä	Piste
Plastiksakk (m)	Sac en plastique
Plüschtierli (n)	Peluches
Polizai (f)	Police
Polyester (m)	Polyester
Portmonee (n)	Porte-monnaie
Poscht (f)	Courrier
Poscht (f)	Office postal
poschtä	achats (faire des)
poschtä	acheter
Poschtchartä (f)	Carte postale
Poschtfach (n)	Case postale
Poschtlaitzaal (f)	Code postal
Pöschtler /in (m/f)	Facteur
Poschtschtämpfel (m)	Timbre postal
Poulet (n) (Pule)	Poulet
Praktikant/in (m/f)	Stagiaire
Präsentazion (f)	Présentation
Praxis (f)	Cabinet médical
Preservatif (n)	Préservatif
Pricht (m)	Rapport
Priis (m)	Prix
Primar(schuäl) (f)	Ecole primaire
Printer (m)	Imprimante
Profit (m)	Profit
Promi (m)	VIP
Proscht	Santé
prötlet	poêlé
prötlet	sauté
Protokoll (n)	Procès-verbal
Pruäf (m)	Profession
Prüäfig (f)	Epreuve
Prüäfig (f)	Examen
pschissä	tricher
Pschtekk (n)	Services
pschtelä	commander
Pschtellig (f)	Commande
psezt	occupé
Psizzer/in (m/f)	Propriétaire
Pult (n)	Bureau
Punsch (m)	Punch
Pürli (n)	Petit pain
Purscht (m)	Jeune homme
Puzzfrau (f)	Femme de ménage
Puzzma (m)	Nettoyeur

R

Raam (m)	Crème
Rabatt (m)	Rabais
Rächnig	Addition
Rächnig (f)	Facture
rächts	droite
Radio (m)	Radio
Räge (m)	Pluie
rägnä	pleuvoir
Rännä	Cours
Rappä (m)	Centime
Rasä (m)	Gazon
Rasämäier (m)	Tondeuse à gazon
Raschtschtettä (f)	Restoroute
Rasiärklingä (f)	Lame de rasoir
Rauchereggä (m)	Coin-fumeur
redä	parler
reduziertä Priis	Prix réduit
Ree (n)	Chevreuil
Reschtorant (n)	Restaurant
Resepzionischt/in	Réceptionniste
reservierä	réserver
Rezäpt (n)	Ordonnance
Rezepzion (f)	Réception
Riis (m)	Riz
Riisecrevettä (f)	Crevettes géantes
Rindflaisch (n)	Viande de boeuf
Rokk (m)	Robe
Rokk (m)	Jupe
roo	cru
rosa	rose
Ross (n)	Cheval
rot werdä	rougir
Rotä (m)	Vin rouge
Rotwii (m)	Vin rouge
Rüäbli (n)	Carotte
Ruggä (m)	Dos
ruig	calme
Rukksakk (m)	Sac à dos
Ruum (m)	Espace
Ruum (m)	Place

S

Sach (f)	Affaire
sächs	six
sächst	sixième
sächzä	seize
sächzg	soixante
Saft (m)	Jus
Sakkmässer (n)	Canif
Sakkmässer (n)	Couteau de poche
Salami (m)	Salami
Salat (m)	Salade
Salatsossä (f)	Sauce à salade
Sali	Salut
Salü	Salut
salzig	salé
sammlä	collectionner
Samschtig (m)	Samedi
sändä	envoyer
Sandwich (m)	Sandwich
Sässelilift (m)	Télésiège
Satellitäschüsslä (f)	Antenne parabolique
Sau (f)	Cochon
Schachtlä (f)	Boîte
schad!	dommage!
Schade	dommage
schaffä	travailler
Schal (m)	Châle
Schal (m)	Echarpe
Schalä (f)	Café au lait
Schalter (m)	Guichet
scharf	fort
Schef /in (m/f)	Chef
Schefredakter/in	Rédacteur en chef
Schegg (m)	Chèque
Schii (m)	Ski
schiifaarä	ski (faire du)
Schiileerer/in (m/f)	Prof de ski
Schiilift (m)	Téléski
Schiischuä (m)	Souliers de ski
Schiischuäl (f)	Ecole de ski
schikkä	envoyer
Schildchrot (f)	Tortue
schimpfä	Protester
schimpfä	réclamer
Schinkä (m)	Jambon
schlächt	mal
schlafä	dormir
Schlaflosikait (f)	Insomnie
Schlaftablettä (f)	Somnifère
Schlafzimmer (n)	Chambre à coucher
Schlagzilä (pl)	Manchette
Schlangä (f)	Serpent
schlapp	fatigué
schliifschüändlä	patin à glace (faire du)
schlittlä	luger
schlöfrig	fatigué
Schlüssel	Clé
Schmärzä (pl)	Douleurs
schmärzhaft	douloureux
Schmärzmittel (n)	Antidouleur
Schminkzüg (n)	Maquillage
schmökkä	sentir
Schnägg (m)	Escargot
schnäll	vite
Schnaps (m)	Alcool fort
Schnee (m)	Neige
Schneehäsli (n)	Jolie skieuse
Schneeschuä lauffä	raquette (faire de la)
schnizzä	sculpter (sur bois)
schnüüzä	se moucher
schön	magnifique
Schoppä (m)	Biberon
schpaat	tard
Schpäkk (m)	Lard
schparä	épargner

Schparkonto (n)	Compte d'épargne
Schpiägel (m)	Miroir
Schpiil (n)	Jeu
Schpiiswagä (m)	Wagon restaurant
schpikkä	copier
schpikkä	tricher
schpilä	jouer
Schpilplazz (m)	Place de jeu
Schpinä (f)	Araignée
Schpinat (m)	Epinards
Schpital (n)	Hôpital
schpizz	excité (sexuellement)
Schport (m)	Sport
Schprüzzä (f)	Piqûre
Schtaat (m)	Etat
Schtadt (f)	Ville
Schtadtplan (m)	Plan de ville
Schtägä (f)	Escalier
Schtaibokk (m)	Bouquetin
Schtangä (f)	Bière pression
Schtar (m)	Star
schtarrä	fixer
Schtazion(f)	Station
Schtekker (m)	Prise électrique
Schtiär (m)	Taureau
schtillä	allaiter
Schtirn (f)	Front
Schtökk (pl)	Bâtons de ski
Schträäl (m)	Peigne
Schtrampelazug (m)	Barboteuse
Schtrand (m)	Plage
Schtrass (f)	Rue
Schtrass (f)	Route
Schtriit (m)	Dispute
Schtrümpf (pl)	Bas
Schtuäl (m)	Chaise
Schtubä (f)	Salon
Schtubä (f)	Séjour
Schtudio (n)	Studio
Schtund (f)	Heure
Schtürä (pl)	Impôts
Schturm (m)	Tempête
Schuä (pl)	Chaussures
Schuäl (f)	Ecole
Schuäler)thek (m)	Cartable
Schuälhuus (n)	Ecole
Schubladä (f)	Tiroir
schüch	timide
Schulterä (f)	Epaule
Schurnalischt/in(m/f)	Journaliste
Schüsslä (f)	Bol
schüttlä	secouer
Schwager (m)	Beau-frère
Schwaineflaisch (n)	Viande de porc
schwanger	enceinte
schwarz	noir

Schwarzmärt (m)	Marché noir
Schwigermuetter (f)	Belle-mère
Schwigersoon (m)	Beau-fils
Schwigertochter (f)	Belle-fille
Schwigervatter (m)	Beau-père
Schwiizer (m)	Suisse
Schwiizer Frankä (m)	Francs suisses
Schwiizer Örgeli (n)	Accordéon
Schwiizerin (f)	Suissesse
schwingä	lutte (faire de la)
Schwinigs (n)	Viande de porc
Schwögerin (f)	Belle-soeur
Schwöschter (f)	Soeur
schwul	gay
schwümä	nager
Schwümmbad (n)	Piscine
See (m)	Lac
Sek(undarschuäl) (f)	Ecole secondaire
Sekretär/in (m/f)	Secrétaire
Sekundä (f)	Seconde
Septämber (m)	Septembre
Serviettä (f)	Serviette
Shorts (pl)	Shorts
sibä	sept
sibät	septième
sibäzg	septante
sibzä	dix-sept
sich hassä	se détester
Sicherhait (f)	Sécurité
Sidä (f)	Soie
silbrig	argenté
single	célibataire
Sirup (m)	Sirop
Sizzig (f)	Séance
snöbä	snowboard (faire du)
Snowboard faarä	boarder
Snowboard faarä	snowboarder
So fain	délicieux
Soiffä (f)	Savon
Sokkä (pl)	Chaussettes
Soon (m)	Fils
Sorry	désolé
Sosä (f)	Sauce
Späm (n)	Spam
Steak (n)	Steak
süäss	sucré
Süässmoscht (m)	Jus de pomme
sugä	sucer
sugä	téter
Summer (m)	Eté
Summerschpro-ssä (pl)	Taches de rousseur
Sunä (f)	Soleil
Sunätach (n)	Marquise
sunig	ensoleillé
Sunntig (m)	Dimanche

suur	acide
suurä Moscht (m)	Cidre
Synagogä (f)	Synagogue

T

Taal (n)	Vallée
Tablettä	Pilule
Tach (n)	Toit
Tachrinnä (f)	Chéneau
Tag (m)	Jour
Taigwarä (pl)	Pâtes
Tailziit (f)	Temps partiel
Täller (m)	Assiette
Talliä (f)	Taille
Tankschtell (f)	Station service
Tantä (f)	Tante
tanzä	danser
Täschä (f)	Sac
Tassä (f)	Tasse
Taxi (m)	Taxi
Techniker (m)	Technicien
Technikerin (f)	Technicienne
Tee (m)	Thé
Teelöffeli (n)	Cuillère à thé
Teeni (m)	Ado(lescent)
Telefon-beantworter (m)	Répondeur téléphonique
Telefonbuäch (n)	Annuaire de téléphone
Telefonchartä (f)	Carte de téléphone
telefoniärä	téléphoner
Telefonkabinä (f)	Cabine téléphonique
Telefonrächnig (f)	Facture de téléphone
Temperatur (f)	Température
Termin (m)	Rendez-vous
Terrassä (f)	Terrasse
Tescht (m)	Test
Tiger (m)	Tigre
Tisch (m)	Table
Tischmattä (f)	Set de table
Tischtuäch (n)	Nappe
Tochter (f)	Fille
Todesaazaig (f)	Annonce mortuaire
Todesaazaig (f)	Obituaire
Toilettä (f)	Toilettes
Tollwuät (f)	Rage
Tomatä (f)	Tomate
Ton (m)	Thon
Tooscht (m)	Toast
Tragtuäch (n)	Porte-bébé
Tram (n)	Tram
trännt	séparé
Tratsch (m)	Potin
Tratsch (m)	Ragot

trochä	sec
tröchnä	sécher
Tröpfli (pl)	Goutte
Truthaan (m)	Dinde
Truubesaft (m)	Jus de raisin
truurig	triste
tschutä	jouer au foot
T-Shirt (n)	T-shirt
Tuäch (n)	Châle
Tuäch (n)	Echarpe
Tüächli (n)	Serviette
Tüfchüäler (m)	Congélateur
Tumbler (m) (Tömbler)	Sèche-linge
tumm	bête
Tunner (m)	Tonnerre
Turischt/in (m/f)	Touriste
Turscht (m)	Soif
Tüüfgarasch (f)	Parking souterrain
tüür	cher
Tüür (f)	Porte
tuusig	mille

U

über	par-dessus
übermorn	après-demain
überrascht	surpris
überwiisä	transférer
uf	sur
Uf widerluägä	au revoir
Uf widersee	au revoir
ufä	en haut
Ufenthalt	Séjour
um	autour de
umarmä	enlacer
umfallä	tomber
umgheiä	tomber
under	sous
Undergschoss (n)	Sous-sol
Underhosä (f)	Slip
underschriibä	Signer
Underwösch (f)	Sous-vêtements
Unggle (m)	Oncle
Uni(versität) (f)	Université
Uniform (f)	Uniforme
Unterhaltig (f)	Divertissement
Unterschrift (f)	Signature
unzwungä	décontracté
Urgrosmuetter (f)	Arrière-grand-mère
Urgrosvatter (m)	Arrière-grand-père
us	hors de
Usgang (m)	Sortie
Usländer (m)	Etranger
Usländerin (f)	Etrangère
Ussland-Nachrichtä (pl)	Nouvelles internationales
uufgreggt	excité
uufmachä	ouvrir
Uuftrag (m)	Mandat
uusgä	dépenser
uusloggä	log-out (faire le)
uusraisä	sortir (du pays)
Uusrüschtig (f)	Equipement
Uus-schtellig (f)	Exposition
uuströchnä	dessécher
uuströchnä	sécher
uus-tschäggä	check-out (faire le)
Uusverchauff (m)	Soldes
uusziä	déménager

V

Vagina (f)	Vagin
Vatter (m)	Père
Velo (n) (Welo)	Vélo
Verbilligung (f)	Rabais
Verbindig (f)	Liaison
verbränä	brûler
verbrännt	brûlé
verchauffä	vendre
Vercheltig (f)	Refroidissement
Verchoiffer (m)	Vendeur
Verchoifferin (f)	Vendeuse
verdiänä	gagner
vergangä	passé (participe passé)
Vergangähait (f)	Passé
vergiftet	empoisonné
Vergünschtigung (f)	Rabais
verhüratet	marié
verlängerä	prolonger
Verlezzig (f)	Blessure
verlobt	fiancé
Verlobtä (m)	Fiancé
Verlobti (f)	Fiancée
Verluscht (m)	Déficit
Verluscht (m)	Perte
vermietä	louer
Vermittlig (f)	Opérateur
verrukkt	fou
versalzä	trop salé
Verschpötig (f)	Retard
Versicherig (f)	Assurance
Vertrag	Contrat
Verwaltig (f)	Administration
Verwaltigsrat (m)	Administrateur
Verwaltigsrat (m)	Conseil d'administration
Verwandti (pl)	Parenté
verzollä	déclarer
verzwiiflet	désespéré
vier	quatre
viert	quatrième
vierzä	quatorze
vierzg	quarante
vill	beaucoup
violett	violet
VIP (m) (Wiaipi)	VIP
vo	de
vo wo?	d'où?
Vogel (m)	Oiseau
Vollchornbrot (n)	Pain complet
Vollpension (f)	Pension complète
Vollziit (f)	Plein temps
vor	devant
vorgeschter	avant-hier
Vorhallä (f)	Entrée
Vorhallä (f)	Hall
Vorhäng (pl)	Rideau
Vorruum (m)	Entrée
Vorruum (m)	Hall
Vorschpiis (f)	Entrée (repas)
Vorwaal (f)	Indicatif

W

Waag (f)	Balance
Wäärig (f)	Devise
Wächselratä (f)	Taux de change
Wäg (m)	Chemin
Wägwiiser (m)	Panneau indicateur
Wäjä (f)	Tarte aux fruits
Wald (m)	Forêt
Wand (f)	Mur
wanderä	randonnée (faire de la)
Wanderschuä (pl)	Souliers de marche
Wanderwäg (m)	Sentier pédestre
wänn?	quand?
Wanzä (f)	Punaise
wär?	qui?
Warähuus (n)	Entrepôt
Warähuus (n)	Magasin
Wärbig (f)	Publicité
warm	chaud
warum?	pourquoi?
was?	quoi?
wäschä	laver
Wäschpi (n)	Guêpe
Wasser	Eau
Wassermelonä (f)	Pastèque
Wätter (n)	Temps
Wätterpricht (m)	Prévisions (temps)
WC (n)	Toilettes
WC-Papier (n)	Papier de toilette
Wekkaaruäf (m)	Service de réveil
wenig	peu
weniger	moins
Wiä vill?	Combien?
Wiä?	Comment?

Wickelzimmer (n)	Pièce à langer
Wii (m)	Vin
wiiss	blanc
Wiissä (m)	Vin blanc
Wiissbrot (n)	Pain blanc
Wiisswii (m)	Vin blanc
wiit	large
wiit	loin
wiiterlaitä	suivre (faire)
wiitsichtig	presbyte
Wildsau (f)	Sanglier
Willkomä	bienvenue
Wimperä (pl)	Cils
Wind (m)	Vent
Windä (f)	Grenier
Windlä (pl)	Langes
Winter (m)	Hiver
Wirus (m)	Virus
Wisum (n)	Visa
Wizz (m)	Gag
Wizz (m)	Plaisanterie
wizzig	amusant
wizzig	drôle
Wo?	Où?
Wolf (m)	Loup
wolkig	nuageux
wolkig	couvert
Wonig (f)	Appartement
Wösch (f)	Lessive
Wöschchuchi (f)	Buanderie
Wuchä (f)	Semaine
Wuchänänd (n)	Week-end
Wulä (f)	Laine
Wurm (m)	Ver
Wurscht (f)	Saucisse

Z

z'vill	trop
z'wenig	trop peu
zä	dix
Zaa (m)	Dent
Zaabürschteli (n)	Brosse à dent
zaanä	dents (faire ses)
Zaapaschtä (f)	Dentifrice
Zaine (f)	Corbeille à linge
Zäjä (m)	Doigt de pied
zalä	payer
Zalig (f)	Paiement
zältä	camper
Zältli (n)	Bonbon
Zäpfli (n)	Suppositoire
zät	dixième
zaubärä	magie (faire de la)
Zauberai (f)	Magie
Zebra (n)	Zèbre
zfridä	heureux
zfridä	satisfait
Ziischtig (m)	Mardi
Zimmer	Chambre
Zins (m)	Taux d'intérêt
Zitig (f)	Journal
Zitrone (f)	Citron
Zivilstand (m)	Etat-civil
Zmittag (m)	Repas de midi
Znachtessä (n)	Dîner
Zmorgä (m)	Petit-déjeuner
Znacht (m)	Souper
Znachtässä (n)	souper
Znüni (m)	Neuf-heures
Zoo (m)	Zoo
zruggschriibä	répondre
zu	jusqu'à
zu(m)	à
zuä	fermé
Zuäkumft (f)	Futur
zuämachä	fermer
Zug (m)	Train
Zugbilet (n)	Billet de train
Zügnis (n)	Bulletin
Zügnis (n)	Certificat
Zukker (m)	Sucre
Zukkerkranket (f)	Diabète
Zungä (f)	Langue
Zvieri (m)	Quatre-heures
zwai	deux
zwaihundert	deux cents
zwait	deuxième
zwaituusig	deux mille
Zwaizimmerwonig (f)	Deux-pièces
zwänzg	vingt
Zwiblä (f)	Oignon
Zwilling (pl)	Jumeau
zwölf	douze
zwüschä(d)	entre

INDEX

A

B

C

D

E

F

G

H

I

J

L

M

N

O

P

Q

R

GENEHMIGT
SCHWIIZER-DÜTSCH

A PROPOS DES AUTEURS

Sergio J. Lievano est un artiste d'origine anglo-colombienne. Il a grandi dans l'environnement calme et naturel de la ferme familiale dans les Andes.

Sergio a une licence en sciences économiques de l'Université de Los Andes en Colombie. Pendant plus de douze ans, il a travaillé dans différents pays comme consultant et chef de projet. Il a accumulé une bonne partie de son expérience professionnelle dans l'industrie des parfums. Il a étudié la bande dessinée et l'illustration à la Joso Comic School à Barcelone, où il a eu l'occasion de développer son talent d'illustrateur.

En plus de ses activités comme auteur et illustrateur, Sergio est le dessinateur de presse de deux journaux, le ***Zürcher Oberländer*** et l'***Anzeiger von Uster***, dans lesquels ses dessins humoristiques paraissent régulièrement depuis 2006.

Nicole Egger est née à Zurich, où elle a grandi. Elle a une licence en littérature et en linguistique de l'Université de Zurich. Pendant et après ses études, elle a travaillé comme enseignante d'allemand et de suisse allemand pour la communauté internationale rapidement grandissante de Zurich.

Pendant ses études, elle a passé deux semestres en Chine pour étudier le chinois. Cette expérience l'aide à se mettre à la place de ses élèves, eux aussi confrontés à une langue aux consonances étranges.

Elle s'intéresse beaucoup à la linguistique et notamment à la linguistique comparée. Elle a appris le latin, l'anglais, le français, l'espagnol et le portugais. Son principal objectif d'enseignante est de donner confiance à ses élèves pour qu'ils aient du plaisir à s'exprimer dans une langue étrangère.

Et du traducteur

Laurent Droz a grandi entre Lausanne et Genève, tout en parlant le suisse allemand à la maison. Licencié en histoire, anglais et français de l'Université de Lausanne, il a travaillé quelques années comme historien et enseigne depuis sept ans l'histoire et l'anglais dans un gymnase lausannois.

Dès ses études, il a effectué diverses traductions, seul ou en tandem, notamment plus de 600 notices pour le Dictionnaire historique de la Suisse.

Sa connaissance de la "langue secrète" suisse l'a souvent aidé à l'école comme dans la vie professionnelle. Il a été immédiatement séduit par l'aventure de *Hoi*, qui lui offrait le plaisir rare de jongler entre l'allemand, l'anglais, le français et le suisse allemand.

Remerciements

De nombreuses personnes ont contribué à la réalisation de ce livre. Ils ont donné beaucoup de temps et d'énergie pour le rendre amusant et utile. Nous les remercions toutes très chaleureusement, et notamment:

Dianne Dicks, Anja Kauf, Andrew Rushton, Sophie Sion Byde, Corinne Lenz, Christine von Büren, Albert M. Debrunner, Franziska et Rémy Droz, Katalin Fekete Catherine Füssinger et Sabine Girardet.

Bergli Books publishes books in English that focus on life in Switzerland and explore social and intercultural issues, history, culture, attitudes and values:

Swissness in a Nutshell *by Gianni Haver*, What is Switzerland? With more than two hundred full-colour cartoons, photos, and works of art this accessible guide illuminates the unique alpine nation. From William Tell to Heidi, Swiss Army Knives to cheese, litter-free streets to punctual trains. Winner of the 2013 Albert Oeri Democracy Prize. ISBN 978-3-905252-65-1

Swiss Democracy in a Nutshell *by Vincent Kucholl*, An accessible, illustrated introduction to Switzerland's unique form of democracy. Written by well-known comedian and political scientist Vincent Kucholl, and illustrated by Mix&Remix, the book is both for those new to Switzerland as well as anyone who would like to finally understand direct democracy, political parties, or what goes on in Bern. Translated from the French. Winner of the 2013 Albert Oeri Democracy Prize. ISBN 978-3-905252-63-7

Going Local – your guide to Swiss schooling *by Margaret Oertig* is an authoritative guide for parents who wish to gain a better understanding of the Swiss school system. It maps out all the stages of schooling from kindergarten to university in all 26 cantons, providing key facts and the terminology needed in German, French and Italian. ISBN 978-3-905252-25-5.

Swiss History in a Nutshell *by Grégoire Nappey, cartoons by Mix & Remix, translated by Robert Middleton.* Learn about the most fascinating moments in Switzerland's rich and colourful history. Cartoons (naughty and nice) illustrate this kaleidoscope of key events that have created Switzerland as it is today. ISBN 978-3-905252-19-4.

Swiss Cookies – biscuits for Christmas and all year round *by Andrew Rushton and Katalin Fekete*, a selection of the most famous and traditional Swiss cookies and bakes, with recipes and photographs from Betty Bossi. ISBN 978-3-905252-17-0.

Swisscellany – facts & figures about Switzerland *compiled by Diccon Bewes and illustrated by Mischa Kammermann* is a treasure-trove of serious and not-so-serious lists. For example, you can learn how to play Hornussen, be able to sing along to the Swiss National Anthem and understand what the Geneva Conventions stand for. ISBN 978-3-905252-24-8.

Cheese – slices of Swiss culture *by Sue Style, photographs by Nikos Kapelis* and historical documents and works of art from the Roth Foundation in Burgdorf. Meet the country's innovative cheese makers and discover the finest cheeses, cheese recipes and what to look for to treat your taste buds. ISBN 978-3-905252-20-0.

At Home – a selection of stories *by Franz Hohler*, one of Switzerland's most popular writers and performers. This collection includes some of his most famous stories and sketches in English translation such as 'The End of the World' (Der Weltuntergang), 'Conditions for Taking Nourishment' (Bedingungen für die Nahrungsaufnahme), among others. ISBN 978-3-905252-18-7.

Ticking Along with Swiss Kids *by Dianne Dicks and Katalin Fekete, illustrations by Marc Locatelli*. A colourful and fun way for children from ages 6 to 12 to learn all they need to enjoy making friends and feeling at home. It explains Swiss languages, food, festivities, what kids read, sing, play and how they get along. Includes songs, maps, lists of places to visit and a 32-card language game and has hundreds of photographs and playful illustrations throughout. ISBN 978-3-905252-15-6.

Hoi – your Swiss German survival guide *by Sergio J. Lievano and Nicole Egger* (Swiss German / Zürich dialect – English edition of Sali zämme). ISBN 978-3-905252-13-2.

Hoi Zäme – Schweizerdeutsch leicht gemacht *von Sergio J. Lievano und Nicole Egger* macht mit seinen über 200 witzigen und farbenfrohen Cartoons das Erlernen der Sprache zu einem vergnüglichen Erlebnis. (*Hoi Zäme* is the Swiss German (Zurich dialect) – High German edition of Sali zämme) ISBN 978-3-905252-22-4.

Hoi et après... Manuel de survie en suisse allemand *by Sergio J. Lievano and Nicole Egger.* (Zürich dialect - French edition of Sali zämme). ISBN 978-3-905252-16-3.

Swiss Me *by Roger Bonner*, illustrations *by Edi Barth.* Humorous stories about life in Switzerland. ISBN 978-3-905252-11-8.

Beyond Chocolate - understanding Swiss culture *by Margaret Oertig-Davidson*, an in-depth discussion of the cultural attitudes and values of the Swiss, for newcomers and long-term residents.
ISBN 978-3-905252-21-7.

Schokolade ist nicht alles - ein Leitfaden zur Schweizer Kultur *von Margaret Oertig-Davidson.* Ein Führer durch die Schweizer Lebensart für jeden Neuankömmling und alle, die sich bereits als Insider fühlen. (German edition of Beyond Chocolate.)
ISBN 978-3-905252-10-1.

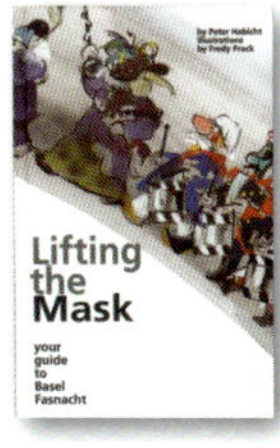

Lifting the Mask - your guide to Basel Fasnacht *by Peter Habicht, illustrations by Fredy Prack.* ISBN 978-3-905252-04-0.

pfyffe ruesse schränze - eine Einführung in die Basler Fasnacht *von Peter Habicht, Illustrationen von Fredy Prack.* (German edition of Lifting the Mask.) ISBN 978-3-905252-09-05.

A Taste of Switzerland *by Sue Style*, with over 50 recipes that show the richness of this country's diverse gastronomic cultures. ISBN 978-3-9520002-7-4.

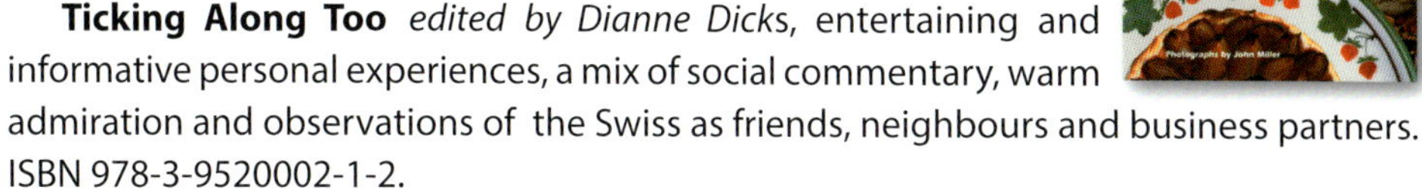

Ticking Along Too *edited by Dianne Dicks*, entertaining and informative personal experiences, a mix of social commentary, warm admiration and observations of the Swiss as friends, neighbours and business partners. ISBN 978-3-9520002-1-2.

Ticking Along Free *edited by Dianne Dicks*, with more stories about living with the Swiss, this time also with some prominent Swiss writers. ISBN 978-3-905252-02-6.

www.bergli.ch

Bergli
books
CH